国家出版基金项目
NATIONAL PUBLICATION FOUNDATION

雪域经轮

西藏宗教考释

尕藏加 著

五洲传播出版社

图书在版编目（ＣＩＰ）数据

雪域经轮：西藏宗教考释 / 尕藏加著 . —— 北京：五洲传播出版社，2020.8
（人文西藏）

ISBN 978-7-5085-4467-0

Ⅰ . ①雪… Ⅱ . ①尕… Ⅲ . ①喇嘛宗—研究—西藏Ⅳ . ① B946.6

中国版本图书馆 CIP 数据核字 (2020) 第 099543 号

撰　　稿：尕藏加
图片提供：陈宗烈　尕藏加　杨立泉　陈立明
出 版 人：荆孝敏
策划编辑：张美景
责任编辑：张美景
助理编辑：乔　禹
封面设计：李　璐
书名题签：李　顺
装帧设计：杨　平　蒲建霖

雪域经轮——西藏宗教考释

出版发行 ：　五洲传播出版社
地　　址 ：　北京市海淀区北三环中路 31 号生产力大楼 B 座 7 层
邮政编码 ：　100088
电　　话 ：　010-82005927（发行部）
网　　址 ：　http://www.cicc.org.cn
　　　　　　http://www.thatsbooks.com
印　　刷 ：　中煤（北京）印务有限公司
开　　本 ：　787×1092 mm 1/16
字　　数 ：　150 千字
印　　张 ：　10.5
版　　次 ：　2020 年 8 月第 1 版第 1 次印刷
定　　价 ：　54.00 元

目录

雪域经轮　西藏宗教考释

前 言

从整体上认识西藏宗教，应该从了解苯教开始，因为苯教是青藏高原固有的一种古老宗教，它带有浓郁的地域性文化特色。同时，苯教又是藏族古老传统文化的重要组成部分，佛教未传入青藏高原之前，苯教文化乃是藏族地区唯我独尊的正统宗教文化。生根于远古时代的苯教，经历了藏族古代社会的历史演进过程，对早期藏族社会的文明进步起到了推动作用。同样，在后期藏传佛教的形成过程中，具有广泛群众基础的苯教，也充当了不可替代的主要角色。藏传佛教在宗教仪轨和护法神等方面从苯教中吸收了不少东西。当然，应该承认的是，

❖ 纳木错湖畔的佛塔

藏传佛教对苯教的冲击，则更为强劲而有力，甚至是颠覆性的。但是，苯教作为青藏高原最古老的宗教文化传承，当前依然以顽强的生命力延续着。

❀ 煨桑

藏传佛教的起源、形成和发展，又与印度佛教的历史进程及其文化演变有着千丝万缕的联系。在一定意义上，藏传佛教是印度佛教直接移植到青藏高原的宗教文化"复制品"。如上所述，藏传佛教在其形成和发展过程中，也曾受到藏族传统文化，尤其是苯教的巨大影响，甚至在某些方面以苯教文化的理论构架和思维方式，接受或消化来自印度的外来佛教文化。因此，藏传佛教具有显明的不同于其他佛教支派的宗风。

藏传佛教作为一种人类社会文化现象，不仅对藏族地区的政治、经济、社会、文化等领域产生巨大影响，而且对周边民族地区也产生一定影响，诸如蒙古族、土族、裕固族、纳西族、门巴族、珞巴族等少数民族，至今依然十分虔诚地信奉着藏传佛教。可以说，藏传佛教是中国佛教的重要组成部分。

除了藏传佛教和苯教以外，藏族地区还有基督教和伊斯兰教，它们不但有自己的宗教活动场所和神职人员，而且还拥有一定数量的信徒。

第一章

苯教

生根于藏族古代社会的苯教，经历了历史上的演变和发展，从最初的崇拜天、地、日、月、星辰、雷电、山川等自然现象的自然宗教，发展成为有比较成熟的经文和系统化教规仪礼的人为宗教。

从严格意义上讲，苯教是一种宗教文化现象，它保持着一种古老的宗教文化形态，而且带有浓郁的地域性和民族性特色。这是因为青藏高原及其藏民族自古以来始终没有摆脱浓厚的宗教文化氛围，世俗文化一直糅合在宗教文化之中，两者没有鲜明的分界线。

根据考古发掘，藏族的先民早在旧石器时代就劳动、生息在今日被称为"世界屋脊"的青藏高原。藏民族信奉着一种与自己息息相关的古老的传统宗教，这就是后来所谓的"苯教"。苯教的产生及其发展，实际上是一个漫长的历史过程，而且苯教与藏族社会的各个方面以及自然环境有着十分密切的关系。

藏族古代史书《柱间史》记载："东、党、赛、莫，即四大宗族，是雪域藏地最早出现的人类。"这四大宗族，也可称为四大氏族，但更准确的解释应为"四大姓氏"，因为迄今藏族诸多姓氏中仍有延续下来的上述"四大姓氏"。由此可知，这四大姓氏或宗族为藏族族源。

经过漫长的岁月，藏族历史逐渐有了比较清晰的轮廓，"以后依次由玛桑九兄弟、二十五小邦、十二小邦或四十小邦统治。"[1] 从这些不断更迭的统治者以及不断分化又重新合并的社会结构，可以看出藏族古代社会发展的历史进程或基本特点，同时也表明当时的社会形态属于原始社会。

当藏族社会发展到一定文明阶段，藏族地区有了神灵观念，并出

---

[1] 蔡巴·贡噶多杰：《红史》，东嘎·洛桑赤列校注，陈庆英、周润年译，拉萨：西藏人民出版社，1988，第29页。

❖ 发现于四川省阿坝藏族羌族自治州金川县的苯教岩画

现众多神祇，诸如山神、水神、地神、天神等。依据有关藏文史料，藏族地区对神灵的崇拜可以追溯到原始社会末期，其具体情形已微茫难考。但藏族人的神灵观念基本上是随着藏族古代社会的进步而逐渐形成的。"万物有灵"观念曾令藏族先民虔诚地跪拜在具有巨大威力的各种神灵脚下，他们崇拜神，向神祈祷，献上自己力所能及的祭品，表示感谢或赎罪，并希望神能保佑自己。《柱间史》记载："赛•苯波、玛•苯波、东•苯波、奥•苯波等十二名有识之士正在祭献神灵。"这是大约公元前 4 世纪藏族地区祭献神灵的情形，这 12 名有识之士实际上就是 12 位苯波。当时的苯波相当于巫师或祭司，引文中苯波之前的字均为姓氏。值得一提的是，这里出现的苯波的称谓成为后来苯教名称的最初由来。根据大量相关藏文史料，以上 12 名苯波既是当时总管一切精神文化的巫师，又是当时藏族 12 小邦之行政酋长，是集巫师与酋长于一身的特殊人物。正如许多国家在历史发展不同阶段都曾存在过集祭司与帝王于一身的人物，他们也具有半人半神或半神半人的性质。这种巫者为王、王者行巫的现象，应当说是一定历史发展阶段上的具有普遍意义的一种社会文化现象。

随着藏族社会的进一步发展，约当公元前 4 世纪，藏族古代历史上有文字记载的第一个王国及其赞普（国王）诞生了。他们的出现标志着藏族古代社会发生了翻天覆地的变化：旧的分散的原始社会解体，新的统一的奴隶社会开始形成。然而，以前身兼酋长的巫师们随着社会形态发生质变而失去了酋长地位，这是历史的发展给他们所带来的冲击，也是神权和政权的分离。从此，这些失去酋长地位的巫师们便专司巫术活动，使巫术活动更具宗教性。藏民族的传统宗教苯教大约于此时开始萌生。尽管初期的苯教显得不够成熟，但经过巫师们那神话般的渲染和极端神秘的宗教仪式，它还是赢得了当时庶民百姓的高度信赖和虔诚信仰。

总之，生根于藏族古代社会的苯教，从最初的崇拜天、地、日、月、星辰、雷电、山川等自然现象的自然宗教，发展成为有比较成熟的经文和系统化教规仪礼的人为宗教。苯教的历史演变、形成发展过程大致可分为三个阶段，即多苯时期、恰苯时期和居苯时期。

多苯时期

多苯时期实际上是苯教的萌芽阶段。这一时期大约从藏族历史上第一位国王聂赤赞普（约公元前 4 世纪）算起，直至吐蕃王朝第八代国王智贡赞普（约公元前 2 世纪）。这段时期也就是藏文史籍中所谓的"天赤七王"时代。至于多苯时期的宗教情形，藏文典籍中是这样记载的："不过当时的苯教，只有下方作征服鬼怪，上方作祭祀天神，中间作兴旺人家的法术而已。"[2] 说明这一时期的苯教尚未形成自己的理论体系，而且带有较原始的巫术性质。早期巫术与原始宗教糅合在一起，很难辨别清楚，故有人提出，巫术是宗教的前身。

总的看来，多苯时期的苯教以鬼神崇拜为主要特色，而"万物有灵论"则是古人信仰鬼神的共同思想源泉。人类的初民认定自然现象都被赋予生命和超人的魔力。所以，已知的最初阶段的自然宗教被称为多种精灵魔教。这种宗教以万物有灵论为主宰，以混乱的神话为特征，笃信魔法，其恐惧感超越别种宗教情感之上。这种信仰是从普遍存在于人类经验中的各种因素中自然而然产生的（如死亡、睡眠、做梦、

---

[2]　土观·洛桑却吉尼玛：《土观宗派源流》，刘立千译，拉萨：西藏人民出版社，1986，第 194 页。

❈ 笃信苯教的吐蕃第二代藏王牟赤赞普头戴苯教僧帽。

恍惚、幻觉等现象），并通过简单的逻辑思维过程，产生了对能独立于肉体存在的精神实体的信仰。在这种观念的发展过程中，一切事物都被认为赋有精灵，而精灵就是赋予事物以活力和生气的因素。例如，多苯时期的藏族先民一般都相信，正是精灵引起疾病，并控制着他们的命运。

综观以上现象，可以认为多苯时期的苯教属于自然宗教范畴。

恰苯时期

恰苯时期大约从吐蕃王朝第八代国王智贡赞普（约公元前 2 世纪）至松赞干布（7 世纪）前后。这一时期是苯教发生质变的重要阶段，可谓大变革、大发展时期。这主要归功于吐蕃第八代国王智贡赞普的开明措施。比如，智贡赞普"乃分从克什米尔、勃律、象雄等三地请来三位苯教法师，举行超荐凶煞等宗教活动。其中一人依凭除灾巫术、修火神法，骑于鼓上游行虚空，发掘秘藏，还以鸟羽截铁等显示诸种法力；一人以色线、神言、活血等作占卜，以决祸福休咎；一人则善为死者除煞，镇压严厉，精通各种超荐亡灵之术。"[3] 这就是智贡赞普引进周边地区的高超法术来改造或充实当时日益不适应社会发展的宗教（苯教）的实例。苯教从此开始结束较原始稚嫩的宗教形态，跨入积极引进高超实践法术的新时期。

《汉藏史集》记载："父王智贡赞普在位之时，由象雄和勃律的苯波传来了贤吉都苯教法。王子布德贡杰在位之时，有仲和德乌教法产生，出现了天苯波贤波切。"可见，在智贡赞普时期，苯教开始逐渐结束以前那种长于单纯的巫术手段而缺乏教理仪规的历史，并形成了自己的"宗教理论体系"。石泰安在《西藏文明》一书中指出："十二世纪藏族神学家智贡巴在谈到恰苯时说，恰苯派是已形成哲学系统的苯教之起始，而且还认为这一现象是受了湿婆外道教理影响。"湿婆即梵文 siva 的音译，意为"自在"，故别称"大自在天"或"自在天"，是婆罗门教和印度教的主神之一，即创造之神，毁灭之神，苦行之神，又是舞蹈

---

[3]　土观·洛桑却吉尼玛：《土观宗派源流》（藏文版），兰州：甘肃民族出版社，1984，第 381 页。

之神。《提婆涅槃论》称，整个世界就是湿婆的身体，虚空是头，地是身。湿婆与梵天、毗瑟三者代表宇宙的创造、保存、毁灭。有些湿婆（自在天）教派的寺院中不设偶像，只以牛或男性生殖器作为湿婆的象征，并向其祈祷祭祀。《西藏风土志》中也指出："后来，苯教学者青裙师，把释迦牟尼在世时六个哲学派别的理论，即外道六师传到吐蕃，与当地苯教结合，形成了吐蕃苯教的一套理论，这便是伽苯。"

从以上诸书记载可看出，恰苯时期的苯教是多苯时期的原有苯教与印度等周边地区的外来宗教思想相融会贯通而形成的，并具有一定的理论水准。当然，恰苯是在多苯的基础上形成的，与多苯有着一脉相承的亲缘联系。

恰苯的最终形成，主要归功于一位名叫辛饶米沃的著名人物。后来许多藏文史籍均认为，此人是苯教的教主。在《西藏王统记》中有更

苯教祖师辛饶米沃（唐卡）

❖ 做法事的苯教僧人

详细的记载："教主辛饶本名米沃，生于大食之俄莫隆仁。苯教之经如'康钦波吉'八大部等皆传译自象雄地方，于是大为兴盛。苯教可分九派：因苯教四派、果苯教五派。果苯教五派，其教义在求进入雍仲无上乘而获快乐上界之身。因苯教四派分为：囊贤白托坚、赤贤白村坚、恰贤居土坚和都贤村恰坚。囊贤白托坚派，以招泰迎祥，求神乞医，增益福运，兴旺人财为主。赤贤白村坚派，以抛投冥器，供施祭品，安宅奠灵，以及禳被消除一切久暂灾厄为主。恰贤居土坚派，以占卜善恶休咎，决定是非之疑，显示有漏神通为主。都贤村恰坚派，以为生者除灾，死者安厝，幼保关煞，上觇星相，下收地鬼等为主也。诸派作法，皆摇动手鼓单钹为声。"这就较全面地介绍了辛饶米沃的身世，以及他创立雍仲苯教的过程和雍仲苯教的主要内容。

　　至于恰苯时期的苯教教法思想，藏族学者东噶·洛桑赤列在他的《论西藏政教合一制度》一书中作了概要论述。这种新的苯教被称为"朗贤"，它根本不承认前后世之说，但承认有神鬼，认为神是在人活着时保护人生命的，鬼不仅在人活着时主宰人的生命，而且在人死后由鬼把灵魂带走，鬼还能给这个人的家庭和后代继续带来危害，因此要供奉救护人的神，消除危害人的鬼。按照《空行益西措杰传》的记载，这种宗教每年秋天要举行"苯教神祭"，将牦牛、绵羊、山羊等公畜各三千头杀死，将牦牛、绵羊、山羊等母畜各一千头活活肢解，以血肉献祭。春天要举行"肢解母鹿祭"，将四只母鹿四蹄折断，以血肉献祭。在夏天要举行"苯教祖师祭"，以各种树木和粮食"烧烟"祭祀。在人有病痛时要施舍赎命，视各人经济情况献祭神祇。人死以后为制伏鬼魂，也要像上述那样杀牲祭祀。此外还有祈福、禳解、赎替、测算等仪式。

　　从以上繁琐的宗教仪式可以看出，恰苯时期的苯教在举行宗教仪式时，突出了献祭这种以物质性的供品来换取神灵保佑和恩赐的方式，

四川省阿坝藏族羌族自治州金川县苯教寺院中的古籍

甚至可以说，当时的所有宗教活动都是围绕"献祭"而开展的。

居苯时期

在藏文中，"居"有翻译、解释、编纂等多种意义，而"苯"是苯教的缩写或概括。居苯两字意为"被翻译过来的苯教"或"经过改造的苯教"。居苯时期是苯教发展的第三阶段。佛教在吐蕃突破苯教的主要阻力稳住阵营后，便拉开了大规模翻译佛经的序幕。这对处境困难的苯教来说，又是一种新的压力。作为应对，苯教徒也开始整理或翻译苯教经典，努力为自己的宗派建立一套理论体系，以便对付来自佛教的理论攻势，苯教从而进入新的居苯时期。

藏文史籍记载，赤松德赞时期，苯教已经整理出一些苯教经典。德国藏学家霍夫曼教授对此作了印证性的考查："当大规模的译经开始后，来自象雄的苯教徒在新建的桑耶寺观音殿里同佛教徒并肩工作。苯教译师中较为突出者是香日乌金，他把著名的《十万龙经》译为藏文。"[4] 这里所说的《十万龙经》是苯教的一部重要经典，保留了有关治病和死而复活者的传说等许多苯教的早期经典内容。苯教经典的搜集、整理、编著以及翻译等都始于赤松德赞时期。因此，居苯时期的正式发端确定为赤松德赞时期。居苯时期又分为三个不同阶段，"早期的居苯，传说有绿裙班智达者将邪法埋藏地下，自行掘出，杂入苯法而成此派的；中期居苯，当赤松德赞王时，曾下令苯教徒改信内教，有一人名为杰维绛曲（佛菩提），王遣其从仁钦乔学佛法，他不愿学，但又怕受到藏王的罚责，因此心怀恼恨，遂勾结苯教徒，将一些佛典，

---

[4] 参见《世界宗教资料》1985 年第 4 期第 31 页。

❖ 8世纪时，赤松德赞聘请汉僧入藏铸造铜钟。该铜钟至今仍完好地保存在桑耶寺内。

❖ 赤松德赞时期在桑耶寺建造的兴佛碑

改译成为苯教的书，此事被赤松王知道了，王权传敕，若有擅改佛经为苯教书籍者杀而无赦。当时因为此事，被诛者甚众。苯教徒大为惊惧，乃将未译完的书籍，秘密藏在山岩之间，后又从伏藏中掘出，遂名为苯教的伏藏法；后期居苯，自从朗达玛灭佛以后，藏娘堆有一人名为贤古鲁迦，在卫地苯教的胜地达域卓拉，将大量佛经改为苯教经典。别立各种不同的名相及诠释，标其异于佛教。"[5] 这是藏族宗教学家土观•洛桑却吉尼玛对居苯时期的苯教所作的具体研究，迄今仍具有权威性。

赤松德赞起初对苯教十分宽容，为苯教徒创造接近于佛教徒的外部条件，如建立译经场所，允许他们专心致志地翻译或编纂苯教经典，创立自己的理论体系。实际上，这是赤松德赞吸取先祖们的经验教训，对苯教采取的一种谨慎态度。一旦条件成熟时，他还是义无反顾地对苯教实施压制性的强硬措施，以便削弱苯教的势力，为佛教创造一个广阔的发展空间。根据藏文史籍记载，赤松德赞为了达到在吐蕃

---

[5] 土观•洛桑却吉尼玛：《土观宗派源流》，刘立千译，第194-195页。

只奉行佛教的目的，采用了一种至少在表面上看来比较公平合理的巧妙手段——辩论。其实辩论是佛教的优势，而对苯教来说，则成为其致命的弱点。其结果显而易见，苯教辩论失败。"藏历纪年前释迦灭寂1303年土猪年（唐肃宗李亨乾元二年，759年），在墨竹苏浦地方江布园宫室前，举行了佛教与苯教的辩论，结果苯教徒失败，赞普把苯教僧侣流放到阿里象雄地方，把苯教经籍全部收集起来，或抛入水中，或压在桑耶寺一座黑塔下面，禁止苯教杀牲祭祀、为活人和死者举行祈福仪式，只准信奉佛教，不准信奉苯教。赤松德赞在禁止苯教时，保留了苯教的祈祷吉祥、禳解、火葬、烧烟祭天焚魔等，后来被佛教徒改变其意义保存其形式而加以利用。另一方面，吐蕃王朝崩溃后重新兴起的苯教——'居苯'，也把佛教的内容全部改造成苯教教义，成为一种有教理教义的新苯教。这表明佛教与苯教经过相互斗争，为了

❖ 桑耶寺黑塔

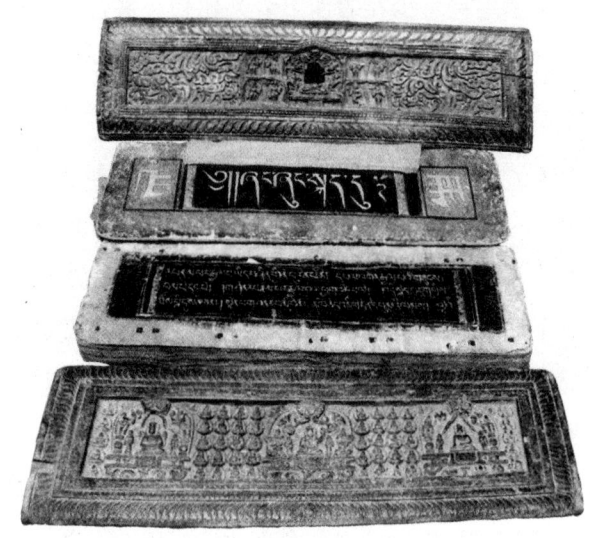

❖
苯教经典

适应斗争需要都从对方吸取某些东西，保留其形式，改造其内容，这是佛教与苯教的新发展。"[6] 由此可见，赤松德赞在所谓的"废除"苯教的过程中，并没有采取全盘否定的极端行为。一方面，禁止诸如大量杀牲祭祀等带有原始野蛮性质的宗教行为，以及制止苯教徒篡改佛教经典的越轨活动；另一方面，鉴于当时社会需求，保留并积极发扬或利用苯教中的许多宗教礼仪。从苯教徒的角度看，苯教在赤松德赞时期，确实遭受过前所未有的迫害。然而，这一打击从反面又促进了苯教在教法仪轨上更加完善。虽然佛教始终没有放弃压制苯教的一切措施，结果不但没能消灭苯教，苯教反而从佛教那里得到不少实惠。苯教教法义理的形成，就受到佛教的巨大影响。

总之，苯教进入居苯时期，不仅在教理仪轨方面日趋成熟完善，

---

[6]　东噶•洛桑赤列:《论西藏政教合一制度》，陈庆英译，北京: 民族出版社，1985，第 15-16 页。

而且在自己的宗教理论领域也有了长足的发展。其中最具魅力的成就是，苯教学者对自己信奉的宗教进行了判教，如将苯教判为九乘，即著名的"九乘之说"。这是苯教在经论学说上取得较高水准的一个重要标志，它将苯教的整个经论判定为九乘或九类。"九乘"中卡贤、朗贤、楚贤、斯贤为四因乘；格尼、阿迦、仗松、耶贤为四果乘；最后为无上乘。实际上，"九乘之说"将苯教庞杂的理论体系和丰富多彩的宗教实践礼仪，按前因后果和修持次第进行了分类，人们可通过"九乘"来掌握或修习苯教。

苯教寺院

苯教作为青藏高原上土生土长并流传至今的古老宗教，除了具有悠久的历史渊源之外，还有许多著名的苯教寺院。

根据藏文典籍，苯教大师贤钦鲁噶的弟子祖钦南卡琼仲于 1072 年修建了叶茹彭萨卡寺，这是一座研修苯教的重要道场。当时该寺一直很兴隆，寺中还培养了不少著名的苯教高僧，1386 年该寺毁于洪水。之后，叶茹彭萨卡寺再也没能恢复起来。

贤钦鲁噶的另一位弟子许耶罗布，大约在 11 世纪也修建了一座名为吉卡日香的苯教寺院，这是一座主要修习苯教大圆满法的中心寺院。

贤钦鲁噶的主要弟子边敦贝却，为了弘扬苯教的密宗教法，先开辟一块简易的静修场所，在此基础上逐渐发展，最后形成了一个小有名气的专门研修苯教密宗的中心道场。

约在 11 世纪，还有一位名叫梅乌·阔巴贝钦的苯教高僧，创建了著名的桑日寺。这是一座专门研习苯教哲学的中心寺院。

以上四座苯教寺院或四大中心道场都在后藏地区即西藏日喀则。

从各个寺院侧重的修学对象来看，叶茹彭萨卡寺和桑日寺主要研习苯教的经院哲学；吉卡日香寺和边敦贝却开辟的密宗中心，重点则放在对苯教心部和禅定的修习或实践方面。从 14 世纪末开始，这四座苯教道场趋于衰微，目前除了桑日寺得到修复之外，其余仅留存一些遗迹。

藏传佛教后弘期初期建立的苯教寺院先后衰微之后，又再次出现曙光。14 世纪，在四川嘉绒藏区出现一位著名的苯教大师，他就是苯教史上具有崇高地位的念麦喜饶坚赞大师（ 1356—1415 ）。念麦喜饶坚赞从嘉绒藏区来到西藏日喀则，一边修行一边弘扬苯教教法，于 1405 年创建曼日寺。该寺位于今日喀则南木林县。曼日寺不仅在藏族地区享有盛名，而且在苯教寺院中占有祖寺地位。目前，曼日寺仍然香火不断，是当今西藏日喀则颇有影响的一座苯教寺院。

❀ 位于日喀则南木林县的苯教主寺热拉雍仲林寺

四川省阿坝藏族
羌族自治州金川
县苯教寺院壁画

苯教高僧达娃贤赞生于1796年，早年在曼日寺系统学习苯教教法。1834年，他在后藏新建了一座作为曼日寺子寺的寺院，这就是著名的雍仲林寺，全称"热拉雍仲林"。该寺位于今西藏日喀则南木林县热拉村，寺院的前面是滚滚东流的雅鲁藏布江。雍仲林寺目前已成为西藏自治区最大的苯教寺院之一，寺院常住僧人现有60多名。在历史上寺院常住僧人曾多达500人。雍仲林自创建以来，在社会上享有崇高的荣誉和很大的影响力。西藏及其他藏区各苯教寺院的堪布（住持）均由该寺委派，在该寺举行一年一度的大型讲经修法活动时，各地藏区数以千计的善男信女如期云集到此取经。

此外，在曼日寺以西不远处曾建有一座名为喀那寺的苯教寺院，曾与曼日寺和雍仲林寺一起被称为苯教三大寺院，堪与格鲁派的拉萨

❋ 孜珠寺经堂

❋ 孜珠寺僧人

三大寺院相媲美。目前在西藏自治区，除了日喀则之外，苯教寺院分布最多的是那曲和昌都。其次，四川、青海、甘肃、云南等藏族地区也有不少苯教寺院，尤其在四川嘉绒地区，苯教具有很强的势力。如土观·洛桑却吉尼玛所言："苯教之寺院，在藏区内有辛达顶寺，在嘉绒有雍仲拉顶寺等，其后皇帝引兵毁其寺，把拉顶寺改为格鲁派的甘丹新寺并下诏禁止信奉苯教，但不甚严厉，至今嘉绒及察柯一带尚有不少的苯教寺院。"[7] 有研究认为，在五世达赖喇嘛统治时期，苯教和

---

[7] 土观·洛桑却吉尼玛：《土观宗派源流》（藏文版），第 198 页。

觉囊派不止一次受到迫害。几座苯教寺院，特别是在穿波的苯教寺院被改成了格鲁派寺院。在康区的白利地区发生了极为严重的事件，西藏的佛教统治者在该地动用了蒙古军队以征服他们宗教上的对手。然而，不知出于什么原因，苯教逃脱了降临在觉囊派头上的命运。觉囊派信徒全部被从西藏中部赶了出去。在整个新神权统治时期，这种迫害在多地持续。嘉绒始终是苯教的大本营，多年以来，它成功地抵御了满族人的侵占。乾隆皇帝只得向其精神导师格鲁派的转世化身章嘉乳必多吉活佛（1717—1786）求援，请求他运用神力来对付不肯妥协的苯教徒。这位喇嘛不失时机地动用清朝军队消灭异教徒。大约在1775年，这支军队开始启程，其目的是要改变嘉绒人对苯教的宗教信仰，但未能得逞，于是，他们摧毁了最著名的苯教寺院雍仲拉顶寺。后来，在同一地点又修建了一座格鲁派寺院甘丹寺。这位皇帝还颁布了禁止

❖ 昌都孜珠山上的苯教寺院孜珠寺

苯教徒修习的命令。[8] 自 8 世纪始，苯教成为历代统治阶级特别是佛教神权统治者打击的重点对象，没有藏传佛教所享有的兴旺发展的外部环境。所以，在广袤的藏族地区的腹心地带，没能建立众多的金碧辉煌的苯教寺院群，它们大都建在边远偏僻的山区地带。根据平措次仁 1998 年的调查研究表明，西藏自治区内现有苯教寺庙 92 座，其中昌都 54 座、那曲 28 座、日喀则 6 座、林芝 2 座、拉萨和阿里各有 1 座；西藏有苯教僧人 3291 人，活佛 93 人，信教群众有 13 万多。

　　苯教中的不少教法仪轨，已演变成为藏族民间宗教信仰的主要组成部分。目前，藏族民间信仰中的许多宗教仪式和思想观念，基本上都源于苯教。苯教文化对藏族文化习俗产生了巨大影响。

---

[8] 《国外藏学研究译文集》第 11 辑，拉萨：西藏人民出版社，1994，第 81 页。

第二章

藏传佛教

藏传佛教的起源

藏传佛教，又称藏语系佛教，属北传大乘佛教派系，为世界佛教三大语系之一，是中国佛教的重要组成部分，在诸多方面具有与众不同的演进历史、宗派风格和文化特质，特别是藏传佛教既有丰富系统的思想理论体系，又有严密深奥的实践修证次第。

许多藏文史籍，以吐蕃王朝第二十八代国王拉托托日年赞时期（约333年）作为佛教正式传入吐蕃的开始。但当时仅获得一些经函，以及小型佛塔等佛教法物，尚未出现书写、翻译、念诵、讲经等佛事活动，因而此时算不上佛教正式传入吐蕃的开端。

实际上，佛教是在松赞干布时期（7世纪中叶）才开始传入吐蕃。7世纪，吐蕃社会得到空前发展，尤其是拉托托日年赞之后的第五代国王松赞干布即位后，吐蕃采取了一系列开放性措施，主要从四邻邦国或地区吸收先进的科技文化知识。根据藏文史料记载，松赞干布推动创制了吐蕃文字。《布顿佛教史》记载："鉴于吐蕃没有文字，特派吞弥•阿努之子及其随从共十人赴印度学习语言文字，他（阿努之子，吞弥•桑布札）在印度拜班智达神明狮子学习声明（语言文字），学成后在拉萨的玛茹觉王宫，结合吐蕃语音创制了拥有30个辅音字母和以阿音为首的四个元音字母的吐蕃文字（藏文），其字形参照印度迦什弥罗文字而创制，同时撰写了八部语法书。"[9] 这里叙述了松赞干布时期的吐蕃著名文官吞弥•桑布札仿照当时印度的一种古文字创制藏文的

---

[9] 布顿•仁钦珠:《布顿佛教史》（藏文版），北京：中国藏学出版社，1988，第182页。

乃穷寺外的佛塔
和玛尼堆

经过。对此许多藏文史籍都作了较为详细的叙述。当时创制藏文不仅顺利、快捷，而且很快得到实际应用。特别是松赞干布带头学习新创制的藏文，也为藏文字的推广作出了榜样。藏文字的创制为吐蕃吸收先进的文化、科技创造了便利的条件。从此，吐蕃结束无文字的落后时代而跨入新的文明时期。从 7 世纪中叶开始，吐蕃已有能力和条件从事佛经翻译，为佛教正式传入吐蕃奠定了基础。《贤者喜宴》记载："松赞干布在位时，迎请印度的格萨热大师和婆罗门香噶热、克什米尔的达努、尼泊尔的希玛祖、汉地的和尚玛哈德哇切（或称大天寿和尚）等佛教高僧大德到吐蕃，并同翻译家吞弥·桑布札以及助译者达玛果夏和拉隆多杰贝等一起翻译了《集密宝顶陀罗尼》《月灯》《宝云》《十万般若波罗密多经》等佛经，此外，还重点翻译了大悲观音菩萨之显密经典二十一部。"[10] 其中观音菩萨显密二十一部经典主要是论述观音菩

[10]　巴沃·祖拉成瓦：《贤者喜宴》（藏文版，上册），北京：民族出版社，1981，第 182 页。

❖ 山南昌珠寺内供奉的松赞干布、尺尊公主和文成公主塑像

萨的功德，以预言或授记的形式为佛教传入吐蕃在理论上起到了宣传作用。观音菩萨从此被认定为普度吐蕃有情众生的菩萨，拉萨的红山被认定为观音菩萨的道场，并取名为布达拉，随后拉萨逐步成为一大佛教圣地。

　　与此同时，吐蕃又迎请以佛像为主的佛教供品。当时从印度南部迎请了一尊被称为从旃檀蛇心中自然形成的十一面观音像；松赞干布迎娶尼泊尔公主拜萨尺尊时请来八岁等身的不动金刚佛像；迎娶唐朝文成公主时请来十二岁等身的释迦牟尼佛像。其中后两尊佛像不仅成为当时吐蕃最珍贵的佛教供奉对象，而且还标志着佛教开始在吐蕃正式传播。吐蕃当时为何先要迎请这三尊佛像，其目的又是什么？这在不少藏文史籍中作了较为明确的回答。"世尊身像一尊在天竺、一尊在尼泊尔、一尊在汉地。凡是三尊佛像拥有之地，大乘佛教极为兴隆。

故在雪域疆土弘扬大乘佛教,也要必须尽力将三尊佛像迎请到吐蕃。"[11]
由此可见,在当时的吐蕃人看来,如果拥有此三尊佛像,就可以象征
大乘佛教的兴隆。因此,为了供养此三尊佛像,吐蕃又大兴土木建造
佛殿。吐蕃当时迎请的几尊贵重的佛像,是松赞干布迎娶尼泊尔尺尊
公主和唐朝文成公主时由两位公主带来的礼品,吐蕃在迎请珍贵佛像
的同时,为了更好地供养这些佛像,积极创建规格较高的佛殿,从而
开创了佛教建筑物在吐蕃安家落户之先河。

根据《汉藏史集》等藏文史料记载,松赞干布时期,在吐蕃创建
108 座佛寺,不过现在能够查找到的、有记载的只有 18 座,其中包括
当时最著名的拉萨大昭寺和小昭寺,以及山南的昌珠寺。这三座著名
佛寺,虽然名为佛寺,实际上都是佛殿。它们当时只是用作供奉佛教
供品的场所,而且其规模较小,远不及后来的正规佛教寺院。总之,
这些第一批创建的佛殿为当时佛教在吐蕃传播,以及后来藏传佛教的
进一步发展起到重要作用,尤其是上述三座著名佛殿,在藏传佛教寺
院中占有举足轻重的地位。

松赞干布时期,创制藏文,翻译佛经,建造佛殿,为佛教正式传
入吐蕃奠定了基础。但当时吐蕃还没有出现本土藏族出家僧尼,而且
从外地迎请的佛教僧侣数量也极其有限,特别是上述为翻译佛经而聘
请的印度、尼泊尔和汉地学僧,他们完成译经任务后,又被吐蕃及时
送回各自的故里。"译经完成后,向各位班智达(学僧)嘉奖,使他们
高兴,同时下令送他们回各自的故里。"[12] 由此可见,当时吐蕃王朝没
有为受聘到吐蕃翻译佛经的外籍学僧提供长期在吐蕃传教或生活的客

---

[11]　萨迦·索南坚赞:《西藏王统记》(藏文版),北京:民族出版社,
　　　1981,第 85 页。

[12]　《嘛呢宝训集》(藏文古籍),第 288 页。

观条件。根据《嘛呢宝训集》《贤者喜宴》《柱间史》等藏文史料，松赞干布时期，两位西域（很可能是指古代西域的于阗地区）僧人因慕名吐蕃国王（指松赞干布）为观音菩萨的化身而千里迢迢来到吐蕃，可他俩在吐蕃未能如愿以偿，不得不返回家乡。因为当时的吐蕃民众对佛教及其僧侣一无所知，所以当吐蕃人看见两位秃头、着方块黄布的西域僧人时，他们感到十分惊奇，而两位西域僧人目睹吐蕃人的风俗习惯或所作所为也颇感恐惧。这从一个侧面反映了纯正的佛教在当时并没有融入吐蕃社会。当时在吐蕃无论做任何事都要与苯教的基本观念相一致。"为了符合大众的口味而采用苯教、第吴和仲居的方式，去引导吐蕃人民信仰佛教；为了后人的事业又将佛经、咒术、苯教，以及财宝、诏书等分别埋藏在四柱间、坛城下和龙庙里。"[13] 由此不难看出，当时的佛教通过苯教的仪轨流传，并没有真正发挥出佛教自身特有的宗教功能。

实际上，松赞干布时期是吐蕃社会的大开放、大变革时期。松赞干布的主要精力放在对政治、经济、军事、文化等领域的改革之上，佛教只是作为外来文化中的一部分而传播，尚未在吐蕃社会中真正立足。很难确定松赞干布是否是一位虔诚的佛教信仰者，但他的确支持过佛教在吐蕃的传播，而且他在制定吐蕃法律时，参考并吸收了部分佛教内容。"在《十善法》之后又制定了《清净十六条法》，其具体内容为敬信三宝、修习正法、孝敬父母、尊重知识、尊上敬老、忠于亲友、利济乡邻、心底真诚、学习大德、理财有节、报答恩惠、公平度量、公正无嫉妒、不听妇言、善言巧语和担当重任。"[14]《清净十六条法》

---

[13] 《嘛呢宝训集》（藏文古籍），第 225-226 页。

[14] 阿旺·罗桑嘉措（即五世达赖喇嘛）:《西藏王臣记》（藏文版），北京：民族出版社，1981，第 22 页。

❖ 拉萨药王山东麓山腰的查拉鲁普石窟距地面 22 米，是吐蕃时期开凿
　的佛教石窟。

的出台，对吐蕃臣民接近佛法或了解佛教起到了重要作用。松赞干布
借助法律的手段，向自己的臣民推荐佛教并使他们接受佛教的这一做
法，为佛教最终在吐蕃臣民中得以传播起到了一定的作用。此外，松
赞干布时期，在吐蕃出现不少修习禅定的人士，但这些所谓的神通者
只不过是一些隐修者而已，不可视为僧尼，当时吐蕃还没有出现本族
出家僧尼。

　　松赞干布之后的贡松贡赞、芒松芒赞、都松芒波杰即吐蕃三代赞
普时期，佛教在吐蕃不但没有得到进一步传播，而且佛教与吐蕃王室
之间业已存在的密切关系也有所松懈。至赤德祖赞时期（705—755 年
在位），吐蕃王室又对佛教有所关注。从松赞干布至赤德祖赞时期，佛
教在吐蕃虽然以时断时续的节奏传播或延续，但这一时期吐蕃的宗教
依旧由苯教一统天下，佛教只是趁隙而入。赤德祖赞时期，"派遣郑噶·

❖ 朝拜

莫勒噶夏和聂·札那古玛拉二人去印度求法，他们在途中听说班智达佛密和佛寂二位大师正在冈底斯山修行，随前往迎请，但没有答应，只好就地请教了显宗《阿笈摩经》《金光明经》，以及《事部》和《行部》等佛经，并整理成经卷后献给赞普（国王）。赞普为安放这些经卷建造了拉萨喀札、札玛郑桑、钦浦南热、札玛噶若、玛萨贡五座佛殿。"[15]

赤德祖赞是自从松赞干布以来对佛教持积极态度的又一位吐蕃赞普。他支持在吐蕃继续传播佛教，很可能受到唐朝公主的影响。710年，赤德祖赞迎娶唐朝金城公主，公主抵达吐蕃后，又重新燃起吐蕃早已中断了的佛教香火。金城公主首先将文成公主带到吐蕃的已埋在地下达几个朝代之久的释迦牟尼佛像移置大昭寺，并请汉地和尚来供养佛像和管理香火；其次，金城公主协助赞普安置外地受难僧众以维护他

---

[15] 巴沃·祖拉成瓦：《贤者喜宴》（藏文版，上册），第294页。

们的宗教信仰。当时，"汉地公主（金城公主）任施主又将受难于于阗、安西、疏勒、勃律、克什米尔的众僧侣请到吐蕃，安置在寺庙供养了三四年之久。"[16] 由于金城公主在吐蕃积极参与倡佛活动，当时在吐蕃"建造札玛郑桑等数座佛殿，迎请被西域驱逐的出家僧侣众，以及从汉地邀请的许多和尚到吐蕃供养佛法"。[17] 在当时吐蕃本土还没有出家僧尼的情况下，能够接待或供养数目如此可观的外地僧众，对于吐蕃来说，的确是一件很不容易的大事。果然，当赤德祖赞赞普去世、新赞普赤松德赞年幼之际，在吐蕃发生驱逐外地僧侣的事件。"大臣玛香大权在握，他不喜佛法。以此将出家僧人都逐出吐蕃。"[18] 新即位的赞普赤松德赞年幼，他虽有支持佛教之心愿，但没有掌握实权，故未能继续保留住吐蕃的外来僧众，甚至"吐蕃地方的比丘、舍利、经典以及供养的法器都被带走"。[19] 由此可见，佛教当时在吐蕃遭受了一次较为严重的挫折。尽管如此，由于西域和汉地僧众进入吐蕃，并在那里生活和开展宗教活动，故大大加深了佛教在吐蕃的影响。

佛教在传入吐蕃的过程中，经历了错综复杂而又颇为艰难的历程。除 4 世纪左右数卷佛经等佛教法物带入吐蕃之外，从 7 世纪即松赞干布时期佛教正式传入吐蕃，至 8 世纪即赤德祖赞时期，佛教在吐蕃的传播时间长达一个世纪。在这百年间，佛教虽然时断时续在吐蕃传播，但始终未能在吐蕃社会中立足，当时吐蕃的宗教仍由苯教一统天下。

---

[16] 达仓宗巴·班觉桑布：《汉藏史集》（藏文版，上册），中央民院古籍整理规划小组影印本，第 68 页。

[17] 格罗·宣努拜：《青史》（藏文版，上册），成都：四川民族出版社，1984，第 66 页。

[18] 同上。

[19] 达仓宗巴·班觉桑布：《汉藏史集》（藏文版，上册），第 69 页。

藏传佛教的形成

从 7 世纪中叶即松赞干布时期至赤松德赞登上王位这一百年间，是佛教在吐蕃的传播时期。从严格意义上讲，佛教立足于吐蕃并形成藏传佛教，是从 8 世纪中叶吐蕃赞普赤松德赞时期开始的。

一、赤松德赞兴佛业绩

赤松德赞是吐蕃王朝史上一位名副其实的法王。他在位期间（755—797）积极扶持佛教，使佛教最终在吐蕃立足，为佛教得以在吐蕃弘扬作出了巨大贡献。在藏文史籍中，赤松德赞被誉为圣文殊菩萨之化身，并同寂护与莲花生一起被尊称为"师君三尊"，是吐蕃时期的三位法王之一（其他二位即松赞干布法王，为观音菩萨之化身；赤热巴坚法王，为持金刚之化身），其塑像常同寂护与莲花生一起供奉在藏传佛教寺院。

赤松德赞是赤德祖赞之子，742 年生于札玛地方，13 岁时即 755 年继承王位，执政达 43 年之久，于 797 年逝世。赤松德赞幼年即位，当时吐蕃臣民对佛教还有一定的抵触心理，特别是那些大臣极力反对在吐蕃传播佛教，如独揽大权的大臣玛尚仲巴杰，他是当时阻止佛教在吐蕃传播的代表性人物。藏族学者东噶·洛桑赤列说："玛尚仲巴杰信奉苯教，不喜佛法，故颁布法令：'宣扬来世报应之说均为虚假，不可信，而今生避免鬼神之迫害，只有求助于苯教。倘若谁信奉佛教，不仅没收所有财产，而且流放到偏远地区。今后只准信奉苯教，不可信仰佛教。人死后不许举办佛事活动，小昭寺内的汉地佛像送回原地。'

桑耶寺内供奉的吐蕃
法王赤松德赞像

另外，拉萨喀札的佛殿和札玛郑桑的佛殿被拆毁，大昭寺内的不动金
刚佛像，被就地埋在沙土里。大昭寺和小昭寺内的佛祖像被运往阿里
的吉仲地方，还把住在拉萨的所有汉族和尚送回汉地，将大昭寺和小
昭寺分别改成作坊和屠宰场，甚至把被宰杀牲畜的肠子等内脏挂到佛
像身上，刚剥下来的皮子披在佛像上晾干。"[20] 吐蕃佛教遭受严重挫折，
这也是一次为恢复苯教正统地位而采取的政治行动。

　　随着赤松德赞成长并掌握实权，佛教在吐蕃所面临的困境逐渐改
观，吐蕃上层反对佛教、支持苯教的格局得到扭转。首先，赤松德赞
指令信奉佛教的大臣桑喜运筹佛事活动，并让他主持佛经翻译工作。

---

[20]　东噶·洛桑赤列：《论西藏政教合一制度》（藏文版），北京：民族出版社，
　　　1981，第 21-22 页。

但此项兴佛计划又遭遇信奉苯教的玛尚仲巴杰等实权派大臣的阻挠，不得不暂时收回。其次，赤松德赞任命信奉佛教的巴·赛囊为芒域（今西藏日喀则吉隆一带）地方官；又派遣桑喜去芒域，协助巴·赛囊开展兴佛活动。与此同时，赤松德赞与信奉佛教的大臣秘密策划，最终剪除了不喜佛法的玛尚仲巴杰等大臣，为在吐蕃开展佛教活动扫除了障碍。巴·赛囊等在吐蕃边境一带也积极寻求迎佛取经的途径。他们首先经尼泊尔到印度各大佛教圣地进行朝礼参访，向大菩提寺和吉祥那烂陀寺献供、布施。[21] 巴·赛囊在归途中有幸遇见印度高僧寂护（又名静命），向他请教有关传播佛法的诸多事项。寂护出生于孟加拉，是当地的萨霍尔王之子，后于那烂陀寺依止智藏论师出家，受具足戒，是一位中观自续派论师，著有《中观庄严论》。在印度佛教史上，被称为随瑜伽行中观宗就是以寂护和他的弟子莲花戒为代表，寂护和他的戒师智藏及弟子莲花戒，在当时的印度合称东部三中观师。寂护不但是一位古印度著名的佛学家，而且在藏传佛教史上被誉为东方三中观师之一。当巴·赛囊得知寂护是印度佛教界具有崇高威望的佛学大师时，立即向赤松德赞禀报，建议邀请这位高僧到吐蕃传授佛法，很快得到赤松德赞赞同的答复。巴·赛囊陪同寂护顺利抵达吐蕃，受到赤松德赞的热烈欢迎。

寂护大师在吐蕃宣讲佛教十善法和十二缘起，但不幸的是寂护讲法数月后，吐蕃地区却遭受一场空前的自然灾害。洪水泛滥，冲垮桑耶地区的庞塘宫，拉萨红山上的宫殿遭雷击，庄稼遭冰雹袭击，还发生传染病和牲畜瘟疫等。吐蕃大多数臣民则认为，此次灾难是宣讲佛法、信奉佛教所带来的报应，强烈要求赞普立即遣返印度僧人。在广大臣

---

[21] 巴·赛囊：《巴协》，佟锦华、黄布凡译注，成都：四川民族出版社，1990，第 13 页。

❀ 查拉鲁普石窟中的莲花生石刻像　❀ 桑耶寺内供奉的莲花生大师像

民的压力下，赤松德赞只能将寂护送回尼泊尔。寂护返回时向赞普推荐了另一位适合到吐蕃传法的高僧，这就是后来的莲花生大师。

赤松德赞遵照寂护的举荐，派遣德哇莽布智和桑果拉隆二人去尼泊尔的一个叫拘勒雪的岩洞中迎请邬杖那国的莲花生（藏语称白玛迥乃）大师。相传莲花生在进藏途中，一路降伏鬼怪，为在吐蕃传播佛教开辟道路。

由于莲花生具备高出苯教法术一筹的功法，吐蕃苯教徒根本斗不过他，佛教在吐蕃扬眉吐气。随后，赤松德赞又派人请回居留在尼泊尔的寂护大师，并同莲花生一起在吐蕃筹划弘法。

寂护和莲花生两位大师在吐蕃得到赞普赤松德赞在政治和经济上的大力支持，在吐蕃举行各种规模空前的传教活动。寂护主要宣讲中观、律学等佛教基本理论。而莲花生发挥自己的特长，并显示神通，降服苯教的诸多凶神，特别将苯教神灵家族中的主要成员十二丹玛降伏后接纳为佛教护法神，向吐蕃臣民传授佛教密法，对一些父母俱在的青年男女首次传授一种使鬼神附体的圆光法，此乃佛教密宗的特异功法第一次在吐蕃公开传授。莲花生传授的这一法术，就是后来藏传佛教中著名的降神术的开端。

在赤松德赞倡建吐蕃第一座正规寺院的过程中，寂护和莲花生作出了重要贡献。寂护和莲花生在赤松德赞的大力支持下，于774年动工兴建桑耶寺，778年竣工。桑耶寺是以古代印度波罗王朝高波罗王在摩揭陀所建的欧丹达菩黎寺为蓝本建造的。桑耶寺中心主殿是一座三层大殿，代表佛教中象征宇宙中心的须弥山；主殿四周按不同方位

❀ 位于山南扎囊县的桑耶寺

建四座佛殿，代表世界四大洲；在四座佛殿的附近又各建两座小佛殿，代表世界八小洲；主殿左右两侧又特意各建一座佛殿，代表日月；主殿四角附近又专门各建一座佛塔，共四座佛塔，分别由白、红、黑和青四种颜色来象征其内涵意义，白色为菩提塔，红色为法轮塔，黑色为舍利塔，青色为天降塔，它们标志着征服一切凶神邪魔、制止所有天灾人祸；整个建筑物以椭圆形的围墙围住，围墙四个方位设有四个大门，东门为正门，围墙象征着佛教中的铁围山。主殿三层大殿分别采取吐蕃（藏地）、汉地和印度三种不同文化形式建造，如底层为吐蕃建筑形式，中层为汉地建筑形式，顶层为印度建筑形式；而且佛殿中的佛菩萨的塑像也是为表现三个地区不同文化特色而塑造的，如底层塑像是模仿藏族人形象塑造的，中层塑像是模仿汉族人形象塑造的，顶层塑像是模仿印度人形象塑造的。这说明桑耶寺是一座体现多元文化的佛教大僧院。桑耶寺竣工后，寂护和莲花生为寺院举行了开光安座仪式。

创建桑耶寺之后，为试验吐蕃有无能充当出家僧尼者，从印度迎请比丘共 12 人，由寂护任堪布（为出家僧尼举行剃度仪式的住持），为巴·赛囊、桑希、玛·仁钦乔、昆·鲁意旺布松、巴郭·毗茹札那、恩兰·嘉哇却央、拉松·嘉威祥曲七人剃度并授予比丘戒。这是藏传佛教史上产生的第一批藏族僧侣，史称"七试人"，或叫"七觉士"。由于"七觉士"出家为僧的表率作用，吐蕃本族僧侣迅速发展到 300 多人。

桑耶寺的顺利建成，为推动吐蕃佛教的进一步发展打开了新的局面。桑耶寺不仅成为吐蕃王朝的宗教活动中心、文化教育中心，而且又是翻译佛经的专门场所。赤松德赞从印度、汉地等地邀请许多佛教学僧和大师到吐蕃，与吐蕃本族的学僧一起在桑耶寺译经殿翻译佛经。当时翻译佛经的场面在《桑耶寺简志》中作了描述："译经僧人均盘腿

❀ 桑耶寺红塔

相向而坐，一人诵经，一个口译藏语，居高位的年迈高僧厘正译语，最后由青年僧人以竹笔写在梵策形经纸之上。当时聚集于桑耶寺译场翻译佛经的，除西藏初出家的'七觉士'和印度的寂护、无垢友、佛密、静藏、清净狮子等诸大论师外，还有内地和尚帕桑、玛哈热咱、德哇、摩诃衍、哈热纳波等。汉人不仅翻译佛经，而且还翻译汉地医著和无形算等。这些各地来的译师在札觉加嘎林广译三藏教典。这时所译的佛经编目，先后编成《登迦目录》《钦朴目录》和《庞塘目录》等。"[22]桑耶寺原译经院，即札觉加嘎林的东、西、南三面回廊墙壁上，绘有数十组反映当时译经场面的壁画，每组壁画都栩栩如生，为人们了解和描述过去的历史提供了极为形象的资料，具有很高的学术价值。当

[22] 何周德、索朗旺堆:《桑耶寺简志》，拉萨: 西藏人民出版社，1987，第18页。

时由印度、汉地等地的大师以及吐蕃本族的学僧，在桑耶寺译经殿里翻译了诸如《律藏》《经藏》《密续部》等大量重要佛教经典，这是自从佛教传入吐蕃以来规模最大的一次译经。

在赤松德赞时期，佛教在吐蕃有了突飞猛进的发展。吐蕃建成第一座规模宏大的正规佛教寺院桑耶寺，有了吐蕃本族的僧侣集团，而且还奠定了以藏文书写的佛教典籍基础。这一局面的形成标志着佛教战胜苯教而完全立足于吐蕃。这一时期佛教虽然在吐蕃取得正统地位，但是宗教派别间的斗争依然尖锐，特别是佛教与苯教间的矛盾更为激烈。在双方争执不下时，赞普决定让佛教与苯教辩论，获胜者可得弘扬，失败者被禁废。759 年，发生了佛教与苯教之间的第三次争斗，最后以佛教的胜利而告终。

当佛教在吐蕃得势并迈向发展之际，在其内部，从印度和汉地传入的佛教之间出现矛盾，特别是两地学僧在解释或修习佛教的教理、仪轨方面产生分歧，甚至拉帮结派，极力排斥对方。从总的情况来看，当时的吐蕃佛教以寂护为代表的印度佛教占主导地位。因为寂护是印度大乘佛教中观派清辩论师的五传弟子，属印度佛教显宗的正统，以大乘佛教的中观思想为佛学观点，以发菩提心、修六波罗蜜多为修持宗旨，并遵循佛教根本戒律，即别解脱戒。寂护之所以在吐蕃佛教中享有盛誉，关键在于他为佛教立足于吐蕃社会作出了巨大贡献。譬如，他既举荐莲花生进藏降伏苯教诸神灵，为佛教在吐蕃顺利传播开辟了道路，又主持桑耶寺的创建工程，为佛教在吐蕃得以弘扬造就了良好的客观条件；此外，寂护还亲自担任堪布为吐蕃本族出家人授比丘戒，建立僧伽队伍，为佛教的持续发展创造组织保障。寂护去世后，从吐蕃占领地迎请的以摩诃衍那（即摩诃衍）为首的不少僧人，开始在吐蕃大力宣讲佛法，阐述自己的佛学观点，尤其是倡导一种简便易行的修持佛法的法门,并且得到许多吐蕃本族出家人的关注欣赏和踊跃参与。跟随者与日俱增,导致与追随寂护的中观宗一派的僧人直接冲突,酿成吐蕃佛教内部的第一次辩论事件,史称"顿渐之争"。

许多藏传佛教史书对此事件都作了详略不等的记述。《布顿佛教史》中这样记载:"莲花戒到吐蕃后,赞普坐于中央上座,和尚一派安排在右排座位,莲花戒在左排座位入座,'渐门派'一行跟随其后。赞普将两个花圈分别送给两派大师,并下令让他们发誓,败者向胜者献花圈,而且败者不能留住吐蕃。摩诃衍那讲道:'奉行善业或不善业,可入善趣或恶趣,而不能解脱轮回,甚至成为成佛之障蔽。这就像乌云或是白云都可遮蔽天空一样。如谁对任何无念、无思的话,他将会解脱轮回。对任何无念、无分别、无观察,此乃无执著。由此可顿入禅定,犹如直达菩萨十地。'莲花戒辩道:'如此对任何无思维,实际上就是舍离妙观察智。而妙观察智是清净慧的根本,因而舍离妙观察智就等于摈弃了出世间之智慧。如无妙观察智,任何瑜伽行者均处于无分别境。如果一切法是无念、无思的话,其所有实践者,则不能无念、无思维。如果自以为我可以不念佛法,这本身就是一种很强的思维活动。如果仅作为无思念的话,当处于昏迷状态之际,就是无分别。没有一个以妙观察智之外的方法,使其入住无分别境。抑制思念且无妙观察智,如何能将一切法视为无自性。如同无证得空性,不能断离障蔽一样。因此,以清净慧远离一切假象;在思念中不可无念;如无思念与思维,怎能成为记忆往昔住处和通达一切者,以及如何脱离烦恼。所以,以清净慧抉择胜义的瑜伽行者,知一切三时内外皆自性空,即刻寂静分别心而舍离一切邪见,依此圆满方便和智慧,断除一切障蔽,通达一切佛法。"[23]

---

[23]　布顿·仁钦珠:《布顿佛教史》(藏文版),第188页。

❖ 桑耶寺内的莲花戒壁画像

　　这场辩论会规模大、规格高，由吐蕃赞普亲自主持，双方参加者超百人，而且双方在辩论前都作了充分的准备。如摩诃衍引进《般若广品》等深奥经研习，并整理出《修法不需经典睡眠即可》《禅定睡眠轮》《禅定复述》《禅定再复述》《理成观见》《义立论八十种经源》等理论依据；莲花戒也著有《修行三次第论》等。最后以摩诃衍和尚为首的顿门派以失败而告终。但在敦煌汉文佛教文献《顿悟大乘正理决》中又认为，以摩诃衍为首的汉僧在顿、渐辩论中获胜。实际上，当时吐蕃赞普判定以莲花戒为首的渐门派获胜，将摩诃衍等和尚遣送回汉地，有关顿门派的经典埋在地下成为伏藏，从此吐蕃僧人不准修习顿门派之法，奉行十法行和六波罗蜜多，遵循律学，在密宗方面，除修持事、行、瑜伽三续外，暂不可多译无上瑜伽续。在吐蕃发生顿、渐之争后，虽有不少佛教唯识宗学派僧人到吐蕃宣讲其佛学观点，但依然主要弘传寂护大师及其弟子莲花戒论师等的大乘中观自续派之见修。不难看出，寂护大师所开创的大乘佛教的中观思想始终是藏传佛教前弘期的主流。

由于赤松德赞为佛教立足于吐蕃作出突出贡献，藏传佛教信徒对他评价很高，颂扬赤松德赞是圣文殊菩萨的化身，是吐蕃三大法王之一。赤松德赞去世后，其子牟尼赞普继位。虽然这位赞普执政时间只有一年九个月，但是他严格奉行父王赤松德赞的兴佛国策，为推动佛教的进一步发展作出了一定的贡献。牟尼赞普制定臣民供养桑耶寺的制度，定期举办供养律藏和论藏的法会，曾三次改革平衡臣民的贫富悬殊，大力倡导臣民积极向佛法僧三宝布施，争取僧俗及政教双双兴旺发达。牟尼赞普去世后，由其弟赤德松赞继位，继续推进佛教的发展。赤德松赞在位期间，维修和扩建历代赞普创建的寺院与佛殿，开始校勘以前所译佛经，统一佛经翻译规则，厘定藏文词语。创建噶琼多杰洋寺，同时在大昭寺和桑耶寺等寺院建立了十二处讲经院，在耶尔巴和青浦等圣地建立了十二处修行院，进一步推动了吐蕃佛教的发展。

二、赤祖德赞弘法措施

赤德松赞去世后，由其子赤祖德赞继位。赤祖德赞（又名赤热巴坚，815—841年在位）时期，是吐蕃佛教的鼎盛时代。这位赞普在前任几代赞普开创的良好基础上，将吐蕃佛教推向发展高潮。赤祖德赞主要采取了几项有利于弘扬吐蕃佛教的措施：第一，敕令核定旧译佛经，使译经工作走向标准化、正规化。因为以往的佛经大多是从印度、汉地、尼泊尔、西域、迦湿弥罗等不同地区的不同文种翻译而来，而且都是不同时期由不同地区的僧人翻译，不但译经的语词不统一、无规则，而且语义艰涩难懂，对在吐蕃社会中传播佛教极为不便。赤祖德赞邀

雍布拉康宫殿内供奉的
赤热巴坚像

请大批外籍僧人，主要是从印度邀请的高僧大德，他们协助吐蕃学僧
厘定佛经译语，以及解答佛经翻译中出现的疑难问题。首先将佛教大
小乘中的宗教术语从梵文译成藏语，并厘定藏语名词，然后编辑成一
部目录大集，即《翻译名义大集》。该书是一部新制定的译语词汇集，
同时又是一部梵藏对照词典，是一部梵藏翻译工具书。

　　据藏文史籍记载，吐蕃时期共三次厘定藏语，其中最后两次就是
在赤祖德赞在位期间进行的。三次厘定，共编辑了三部工具书，即《翻
译名义大集》和两卷本译语释。后者是在前者的基础上再次增补或订
正，既有列举又有释疑的大型工具书或翻译理论书。在两卷本译语释
中列出许多梵文和藏语的疑难词汇，并对其作出解释，指出正确的译
法。这些翻译理论书或工具书都收录在藏文大藏经中。经过三次厘定
译语，吐蕃的译经事业更加繁荣。赤祖德赞在完成厘定译语工程之后，

便颁布命令，无论何时均不得逾越厘定译语的规则翻译佛经；译经人员必须学习厘定译语的规则，将过去翻译的佛经，以新厘定的译语或术语来重新审定或订正。随着厘定译语的出台以及严格实施，吐蕃的译经事业走向正规化。现存藏文大藏经所收录的吐蕃时期的佛教典籍，几乎都符合新厘定译语的规则。这些工程都是在赤祖德赞时期完成的。当译经工程基本结束，并积累一定数量的佛经之后，大约在 824 年，第一部佛经目录《丹噶目录》编纂完成。因为这部目录是吐蕃学僧在堆塘的丹噶宫殿中编纂而成，故名《丹噶目录》。之后，又相继编纂了《青浦目录》和《庞塘目录》。其中《庞塘目录》的重要意义在于它是按照经部和论部的分类编纂而成，对以后大藏经的编纂体例产生一定影响。遗憾的是，《青浦目录》失传，只有《丹噶目录》和《庞塘目录》流传至今，成为后来编纂藏文大藏经的主要依据，并已收录在藏文大藏经中。三部目录成为藏文大藏经的雏形或源头，奠定了藏文大藏经的基础。

赤祖德赞时期，在拉萨河中游的南岸，创建了吐蕃历史上最著名的九层金顶宫殿，称为"乌香多宫殿"，它既是宫殿又兼作寺院。乌香多宫殿的建筑形式，《西藏王臣记》有记载："底部三层用石料，中部三层用砖料，顶部三层用木料筑成。"[24] 其建筑形式别具一格，壮观无比，"形如大鹏冲天飞翔"。乌香多宫殿的顶部三层中供奉着赞普的本尊神像，并在顶层走廊内安排僧人讲经说法；中部三层中居住着被供养的僧侣，底部三层中设立王臣住处。出家僧侣享有优厚的物质生活条件和特权。比如，建立僧侣在乌香多等宫殿或寺院里时常念诵佛经的制度，规定每七户人家供养一位僧侣，并制定刑法，如有人反对佛教或轻视僧侣，便用刑罚来惩治。甚至在吐蕃王朝中设立宗教大臣，

---

[24]　阿旺·罗桑嘉措（即五世达赖喇嘛）：《西藏王臣记》（藏文版），
　　　第 73 页。

由钵阐布贝吉永丹担任，其地位排在其他大臣之前，可直接干涉对内对外的军政大权。为了提高整个僧众的社会地位，赤祖德赞还以身作则，在自己的发髻上系一条长长的丝巾，丝巾下端敷于僧座，令僧众坐在上面。由此可见，在赤祖德赞时期，佛教及其僧侣受到极高的礼遇，从而激发佛教僧侣的积极性，使佛教在吐蕃得以发扬光大。赤祖德赞时期，佛教寺院在吐蕃社会中逐渐成为一个独立的社会实体。许多寺院不仅拥有属民和特权，而且占有土地、牧场和牲畜。从此，佛教僧人中的一部分开始转化成拥有寺属庄园的地主阶级。

从松赞干布开始，在政治、经济、文化诸领域，吐蕃王朝采取自由而开放的政策，这加强了藏族传统文化（主要指苯教）与外来文化（主要指佛教）之间的融合，最终形成藏传佛教这一打上苯教文化烙印的佛教派系。

三、朗达玛赞普灭法事件

赤祖德赞对于佛教的热情，及其推崇佛教的一系列措施，直接损害一些臣民的政治和经济利益，从而引起部分臣民的强烈不满。他们秘密策动推翻现政权和取缔佛教的政治运动，这些不喜佛法的臣民的阴谋屡屡得逞。他们首先谋杀了宗教大臣钵阐布贝吉永丹，之后又陷害赤祖德赞崇信佛教的哥哥藏玛，最后谋杀了赤祖德赞，推举不喜佛法的赤祖德赞的哥哥朗达玛继任吐蕃赞普，扫除一切障碍后，便拉开了毁灭佛教的序幕。几乎所有藏传佛教史书对朗达玛的灭佛事件都有详略不等的记载。这是佛教在吐蕃经过 200 年的传播发展，正处于鼎盛时期不幸遭遇的法难事件。

这场由反佛大臣策划，朗达玛赞普亲自下令掀起的声势浩大的灭佛运动，不仅取消了昔日由吐蕃王室保护广大僧众的一切法令，而且剥夺了寺院及僧众的所有财产和享有的一切政治特权，从而使佛教在吐蕃的整个组织被彻底粉碎，佛教僧侣皆被从寺院驱逐出去，并强迫僧众还俗，甚至让佛教僧侣去狩猎或当屠夫，不从命者皆遭杀戮。僧人大都逃往民间，不得不重新回到世俗生活中，成为负担差税的普通平民。赞普还下令封闭所有寺院和佛殿，首先从大昭寺、小昭寺和桑耶寺等著名寺院动手，将所有佛寺内的佛像或埋在地下（如大昭寺和小昭寺内的不动金刚佛与释迦牟尼两尊佛像就被埋入地下），或抛入水中，或捣毁。佛教经典也同样遭到毁坏，或烧毁，或投入河中，当然也有不少佛经被信佛群众藏匿起来。寺院和佛殿里的佛教供品被捣毁之后，赞普还让人用泥巴把寺院和佛殿封闭起来。从此，吐蕃佛教进入濒临灭绝的黑暗时期。

在藏传佛教史上，朗达玛灭佛是一个重大历史事件。后来史家以此为界，将藏传佛教通史分为"前弘期"和"后弘期"。前弘期是指7世纪中叶（从松赞干布算起）至9世纪中叶（朗达玛灭佛为止），这段时期长达200年之久。伴随着朗达玛灭佛运动，吐蕃王朝在政治上的统一局面也开始全面崩溃。以朗达玛赞普为首发动的灭佛运动，大大伤害了广大佛教信徒的宗教感情。当时佛教信徒对朗达玛赞普恨之入骨，从而又导致另一场佛教徒谋杀吐蕃赞普的残酷事件。朗达玛逼迫佛教僧侣脱下袈裟上山打猎的情景，被一位山中修炼佛教密宗的大师看见。他在愤怒之下产生杀害赞普的念头。这位密宗修炼者叫拉隆贝吉多杰，他当时在吐蕃著名的佛教修行处札耶尔巴修炼，看见佛教徒遭遇的惨状，便携带弓箭下山，借机刺杀迫害佛教徒的头号敌人，即朗达玛赞普。根据藏文史书记载，朗达玛赞普在拉萨大昭寺前阅览碑文时，被拉隆贝吉多杰以叩见为由射箭杀害。刺杀成功后，拉隆贝吉多杰夜以继日地逃离吐蕃的政治中心，到达了安多地区。

　　朗达玛赞普被刺杀后，吐蕃王室分化成两派，分别支持两位年幼王子中的一位来继承赞普位。随之发生内战，爆发平民起义，吐蕃王朝很快被推翻，以前统一的吐蕃王朝分裂成若干个小邦，从此吐蕃地区进入一个地方割据势力纷争时代。藏传佛教虽然进入所谓的百年黑暗时期，但并没有因朗达玛的禁废而寿终正寝。相反，吐蕃王朝的覆灭以及政治上的大动荡给以后藏传佛教的复兴和发展创造了有利的客观条件。在藏族地方割据势力纷争的时代，藏传佛教走向民间，完全成为民众自由信仰的宗教对象，不再像以往那样由王室权力机构统一领导，也不再听命于宗教团体的严密管理。佛教在前弘期内已经赢得吐蕃人民的普遍信仰，并在广大底层群众中产生积极影响，这是后来藏传佛教在藏族地区的复兴和发展的重要基础。也就是说，吐蕃王朝的覆灭以及藏族地方割据势力的形成，为藏传佛教的复兴或发展创造了一个崭新的自由而广阔的空间，藏传佛教进入后弘期。

藏传佛教的发展

　　藏传佛教的发展和复兴，是在藏传佛教史上的后弘期。朗达玛赞普于 841 年灭佛，经过 70 年或 100 年，即 10 世纪初或 10 世纪中叶，藏传佛教在青藏高原再次弘传起来。朗达玛灭佛之后，佛教戒律等佛法的核心传承虽然被中断，但是在广大的民间仍有许多所谓的佛法修行者。这部分不穿袈裟的在家居士一边秘密修持佛教密法，一边悄悄保护寺院、佛殿、经书和佛像等。他们既为藏传佛教的继承作出了贡献，又为藏传佛教的复兴打下了基础。比丘戒僧侣的大量出现以及大兴土木重建佛教寺院，可作为后弘期开始的重要标志。朗达玛的灭佛运动中断了传授戒律的连贯性，佛教一旦没有条件举行常规的受度仪式，就谈不上发展僧侣组织。同样，佛教如果没有庞大的出家僧侣集团作为骨干或核心力量来发扬光大，也就等于纸上谈兵。根据藏文史料记载，10世纪在藏族地区又开始出现大批出家僧侣和重建寺院的热潮。东部安多地区和西部阿里地区率先掀起复兴藏传佛教的运动，在藏传佛教史上被称为下路和上路弘法之火，从此藏传佛教后弘期全面开始。

一、下路复兴

就在朗达玛赞普灭法之际，有三位藏族出家僧侣携带重要佛经秘密逃到边远地区，保留了佛教的戒律传承。三位僧人分别是藏·饶赛、约·格琼和玛·释迦牟尼。当他们在吐蕃著名的佛教修行胜地曲沃日闭关修行时，亲眼看到被逼迫上山打猎的佛教僧侣，并得知朗达玛赞普正在迫害佛教徒的消息，于是他们用一匹骡子驮载《毗奈耶经》等律藏经典，逃到西部阿里地区。阿里地区不能安身，他们便又去往葛洛地方（勃律），该地因语言不通而不能传播佛法，最后绕道霍尔地方到达安多地区（今青海东部藏族地区）。三位僧人就在此地找到安身之所，他们先后在丹斗水晶石窟（位于今青海省化隆县和循化县交界处）、金刚岩和阿琼南宗（两地在今青海省尖扎县）等地修行和传教。三位僧人在特殊历史背景下坚持修法传教，为藏传佛教前弘期和后弘期的接轨作出贡献。这三处地方因而成为藏传佛教的重要圣地。根据《西藏王统记》记载，藏·饶赛、约·格琼和玛·释迦牟尼三人从曲沃日逃走后，紧接着又有噶沃却札巴和荣顿僧格坚赞两位僧侣从曲沃日出逃，这两位僧侣逃走时同样携带了佛教主要经典，如《俱舍论》（mngon pa mdzod）等佛经，最后也不约而同抵达东部安多藏族地区的阿琼南宗。谋杀朗达玛赞普的修行僧拉隆贝吉多杰也携带《羯磨经》《具光明律藏》等律藏经典，紧随其后来到东部安多藏族地区。因杀害朗达玛赞普而感到自己罪孽深重，他便常住金刚岩洞内单独闭关修行。

　　由于吐蕃佛教中心的六位比丘僧相继抵达，并持有佛教重要经典律藏，东部安多藏族地区一时成为继承藏传佛教的中心。当时在整个藏族地区既没有比丘僧团，又没能保留下律藏经典，唯有安多藏族地区具备授戒出家人、发展僧团组织的条件，主要由聚集在安多藏区的六位高僧中的藏·饶赛、约·格琼和玛·释迦牟尼培养律藏继承人，建立比丘僧组织。他们培养的第一位比丘僧就是后来在藏传佛教界享有盛名的喇钦贡巴饶赛。喇钦贡巴饶赛原是当地一位名叫苏赛桑的苯教大师的侄子，原名叫牟索赛巴，15岁时，遇到藏·饶赛、约·格琼和玛·释迦牟尼三位来自藏传佛教中心前藏的比丘僧，并对他们产生敬信之心，积极要求出家受戒，成为一名佛教僧人。三位比丘僧觉得牟索赛巴是一个聪慧善良的年轻人，为考察他能否皈依佛教成为一名

❈ 下路弘法复兴圣地——青海省尖扎县金刚岩

49

佛教继承人，三位比丘僧首先向牟索赛巴传授佛教知识，借给他佛教戒律典籍《毗奈耶经》，让他在自家先掌握有关佛教戒律知识。如果他能够对佛教产生坚定不移的信仰之心，再给他授戒。牟索赛巴阅读《毗奈耶经》后，果真对佛教产生一种强烈的虔诚之心。当时牟索赛巴一边读经一边流泪，他对佛教的信仰油然而生，于是取法名为格瓦赛，并出家。5年后，格瓦赛达到授受比丘戒的条件，剃度出家，受比丘戒。

牟索赛巴受戒出家，全面修习佛法，最后成为一名博通佛教经律的高僧，在藏传佛教后弘期初期享誉整个藏区，被尊称为喇钦贡巴饶赛。根据《安多政教史》记载，喇钦贡巴饶赛除了在自己的几位授戒上师座前研习佛法外，还赴北方依止跟随果荣僧格札的老僧系统学习律藏。这位老僧向喇钦贡巴饶赛赠送了律分别、律本事、律杂事和律上分四部毗奈耶，并嘱咐其严格继承佛教正统。喇钦贡巴饶赛返回后，拜噶沃却札巴为师，学习《般若十万颂疏》和《大乘对法藏》等佛经，历时12年之久。根据《青史》记载，喇钦贡巴饶赛的佛学知识和道德行为，得到丹斗一带群众的认可，逐步产生积极影响。因此，喇钦贡巴饶赛把丹斗地方作为自己的宗教活动中心，开展供养佛教三宝、祭祀护法神等宗教活动，并向当地诸神灵祈求，护佑自己的弘法事业。随着信徒的不断增多和本地有势力人家的资助，喇钦贡巴饶赛在丹斗地方开始建造寺院、佛塔等佛教建筑物。著名的丹斗寺就是在这一时期建成的。在丹斗寺，喇钦贡巴饶赛的声望日益提高，出现不少慕名前来丹斗寺出家为僧者。喇钦贡巴饶赛在该地居住35年，84岁圆寂。根据藏文史书，在喇钦贡巴饶赛座前最先出家受比丘戒的是巴果益西雍仲，其次是帕奈丹札巴，史称巴、帕二僧；此后依次有四对八人剃度出家，前后产生10位比丘僧。其中巴果益西雍仲继承了喇钦贡巴饶赛的戒律传承，向他的弟子郑益西坚赞授予比丘戒。

❖ 下路弘法复兴之地——青海省丹斗寺

　　喇钦贡巴饶赛在安多藏区继承佛教律藏、发展佛教比丘僧、弘扬佛教的消息很快得到前藏领主的积极响应。当时西藏的前藏地区由朗达玛赞普的儿子永丹的子嗣们统治着。查纳益西坚赞就是扶持藏传佛教复兴的后弘期著名人物，他是当时西藏前藏桑耶地区的领主。他立即派出佛教徒前去受戒并引进佛教律藏传承。当时陆续抵达安多丹斗寺的佛教徒主要有：前藏五人即鲁梅茨诚喜饶、章益西永丹、热希茨诚迥奈、巴茨诚罗追、松巴益西罗追，后藏五人即罗顿多杰旺秀、聪增喜饶僧格、阿里巴奥杰兄弟两人和普东巴欧帕第噶。

　　前后藏共 10 人先后到达安多丹斗寺，都在喇钦贡巴饶赛的再传弟子、持有律藏直系传承的郑益西坚赞座前受比丘戒，并迎请到律藏传承。他们相继返回西藏，各自在前后藏收徒弟，发展出家僧侣队伍，建造寺院。

前藏的 5 位佛教徒为藏传佛教后弘期的兴起作出贡献。5 人返回前藏时，桑耶地区的领主查纳益西坚赞已去世，但受到其子赤巴领主的热烈欢迎，而且受到嘉奖。最初他们共同建造了娘麦坚恭寺，这是藏传佛教后弘期内的第一座寺院。之后，他们各自分散经营寺院。其中，鲁梅茨诚喜饶在桑耶地区担任噶琼佛殿的管理者，热希茨诚迥奈兄弟任格杰协玛林的管理者，章益西永丹任侃松桑康林的管理者，巴茨诚罗追任桑耶主殿的管理者。而后，为了在前藏拉萨地区发展各自的宗教势力，他们又大兴土木，建造寺院。这些都标志着西藏的前藏地区进入了藏传佛教后弘期。

鲁梅茨诚喜饶建造拉木恰都寺作为自己宣讲佛法的根据地，培养了四大徒弟。其中，珠麦茨诚迥奈建造索纳塘钦寺作为据点，由此产

❖ 礼佛图（古格壁画）

生塘系学派；香纳南多杰旺秀建造热查寺和杰寺作为据点，由此产生香系学派；多强曲迥奈建造耶巴帕热寺作为据点，由此产生多系学派；兰益西喜饶建造嘉赛岗寺作为据点，由此产生兰系学派。此四系学派总称为鲁梅学部。

松巴益西罗追在卓萨塘地方建造美查寺，不久衰微，也就没有传承；热希茨诚迥奈在墨竹地方建造昌欧寺作为据点，由此产生热学部；巴茨诚罗追在彭波地方建造南巴吉布寺等许多寺院作为据点，由此产生巴学部；章益西永丹在彭波地方建造恩兰吉莫寺作为据点，由此产生章学部。

以上5位前藏僧人中除了松巴益西罗追外，其余4人不仅在前藏拉萨地区逐步建立各自的根据地，而且不断壮大自己的宗教势力，他们相互间渐生矛盾，最后发生了战争。"藏历第二饶迥火狗年，即1106年，鲁梅部与巴、热两部在桑耶地区交战，桑耶寺四周的大多佛殿被火烧毁，桑耶寺的围墙倒塌。当务之急，由热译师多杰札修缮，当时从澳喀地方运来大量木材，召集500名工匠，历时两年多，耗费10万多斗粮食，才完成修复工程。藏历第三饶迥铁龙年，即1160年，在拉萨、雅隆、彭波等地的上述四部之间又开始长期的战争，使拉萨大昭寺、小昭寺、昌珠寺等受到严重破坏。当时由达布拉杰的弟子达贡茨诚宁布出面调停了四部间的战事，在此基础上维修了拉萨的大小昭寺，并将两座寺院托付给当时拉萨地区在经济、军事方面势力最强的贡唐喇嘛祥（是后来蔡巴噶举派的创始人）来管理。"[25]鲁梅茨诚喜饶、巴茨诚罗追、热希茨诚迥奈和章益西永丹四部，虽然在宗教上没有派别之分，但是他们为了壮大各自的政治、宗教和经济势力，相互间长期处于战争状态。藏传佛教后弘期从一开始就蒙上政治阴影。

---

[25]　东噶·洛桑赤列：《论西藏政教合一制度》（藏文版），第54-55页。

二、上路复兴

藏传佛教在下路复兴。与此同时，在西藏的西部阿里地区也掀起复兴藏传佛教的运动，这被称为上路复兴。

在朗达玛被刺杀后，朗达玛赞普的两个儿子即永丹和奥松分成两派，相互间长期内战，最后奥松一派在前藏地区兵败，便逃往西部阿里地区，建立根据地。据说，奥松之子柏柯赞（865—898）曾修复宁麦、卓埔麦隆等 8 座寺院；柏柯赞有两个儿子，即基德尼玛贡和赤札西泽贝柏。此时，永丹王系的后裔在前藏一带完全摧毁基德尼玛贡和赤札西泽贝柏的军事力量，赤札西泽贝柏退居拉堆地方，后来默默无闻；而基德尼玛贡则逃到西部阿里地区，在这里建立政权，逐步发展壮大。基德尼玛贡有三个儿子，即长子柏基贡，他统治芒域等地区（今拉达

❀ 位于阿里地区的托林寺

克地区），后来建立拉达克王统世系；次子德祖贡，他统治布壤等地区；老三札西贡统治象雄等地区（今西藏阿里地区），后来建立古格王朝。他们被史家称为阿里三王或上部三贡，藏区地理概念上的阿里三围之称呼由此而来。其中札西贡有两个儿子，即柯热与松贝；柯热又有两个儿子，即纳嘎热札和德哇热札。柯热在他的晚年对藏传佛教产生敬仰之心，并发愿按祖先之先例弘扬藏传佛教。于是柯热将王位让给弟弟松贝，自己在一尊佛像前自行领受戒律，成为一名出家僧人，取名为拉喇嘛益西沃。而后，拉喇嘛益西沃的两个儿子即纳嘎热札和德哇热札也跟着父亲出家为僧。拉喇嘛益西沃是第一个在阿里地区开展弘法事业的人物，在复兴藏传佛教的过程中作出巨大贡献，成为上路复兴的开创者，他的名字与下路复兴的开创者喇钦贡巴饶赛一起载入藏传佛教史册。

拉喇嘛益西沃首先在阿里地区仿照前藏的桑耶寺创建了托唐柏吉拉康，即后来的托林寺。该寺位于今阿里地区札达县扎桑区，它是藏传佛教上路复兴时期的第一座寺院，也是藏传佛教后弘期的主要道场之一。同时，拉喇嘛益西沃选派 7 名出身高贵的聪慧青年以及 14 位仆从共 21 人去克什米尔求学佛法，其中大多数因气候炎热等原因染病致死，只有仁钦桑布和俄勒贝喜饶二人圆满完成学业，携带佛经返回故乡，从事佛经翻译，后人称他们为大译师和小译师。

大译师仁钦桑布（958—1055），生于阿里地区，13 岁在堪布益西桑布前剃度出家，青年时代曾多次赴克什米尔，先后拜 75 位班智达，广泛学习佛教显宗和密宗理论，在佛教学业上取得很高的成就，并成为当时藏传佛教界最璀璨的一颗明珠。阿里王拉德赞不仅封仁钦桑布为首席供施对象，而且拜他为自己的金刚上师，同时还从布尚划分部分地区作为宗教活动基地，并倡建数座佛殿，一起奉献给仁钦桑布，作为他在佛学上取得伟大成就的奖赏。在得到阿里王的大力支持后，仁钦桑布在以古格为中心的地区主持建造了许多佛殿和佛塔，如查札佛殿、荣地佛殿等。

仁钦桑布将自己一生的主要精力都投入到译经事业中。他先后翻译了许多显密经论，尤其是翻译了大量的佛教续部经典，从此藏传佛教新密续开始建立。仁钦桑布一共翻译了 17 部经藏、33 部论藏、108 部密宗（怛特罗），而且密宗译经中包括《集密》《摄真实经》《庆喜藏释》等重要密宗典籍。此外，根据新的梵文版本的佛经，仁钦桑布修订了一些以前所译的藏文佛经。后人以仁钦桑布翻译密宗典籍为界，将此前吐蕃时期译师们翻译的密宗典籍称为旧密咒（宗），将包括仁钦桑布在内的译师们翻译的密宗典籍称为新密咒（宗）。因此，仁钦桑布成为藏传佛教史上有代表性的大翻译家。另外，小译师俄勒贝喜饶在阿底峡进藏后随他学法，成为阿底峡尊者的三大弟子之一。

据藏文史料记载，当时拉喇嘛益西沃不仅派遣阿里地区的本地僧人赴克什米尔等佛教兴隆地区求法，同时还邀请外籍高僧大德到藏族地区弘法，曾先后邀请东天竺的大班智达法护及其上首弟子妙护、德护、智护等进藏宣讲律藏，他们给古格地区的嘉威喜饶授予比丘戒，由此传出的戒律传承被称为"上路律学"。

为邀请到更多的印度高僧大德，拉喇嘛益西沃亲自外出奔走，不幸在途中被葛禄逻人的军队逮捕。葛禄逻人向古格王朝索要与拉喇嘛益西沃等身的黄金，才能释放他回乡。据史料记载，古格王松贝之子拉德有三个儿子，即喜瓦沃、绛曲沃和沃德。其中绛曲沃是出家人，被称为拉喇嘛绛曲沃，当时由他收集赎金，但赎金未达到等身量而未能赎回人质。然而，拉喇嘛益西沃则借此见面之机，对拉喇嘛绛曲沃再三叮嘱不要为赎他而浪费金银财宝，一定要用赎他的重金去邀请印

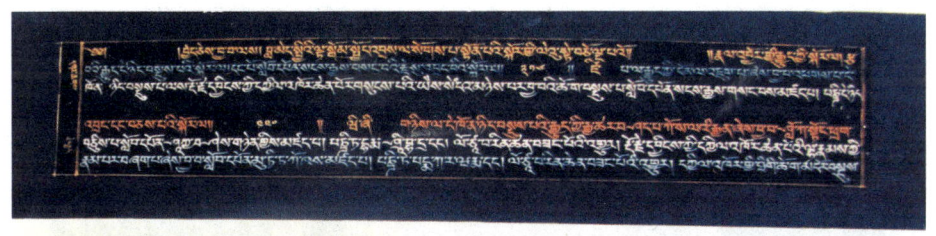

❖ 仁钦桑布所译佛经译著目录

度高僧阿底峡。不久，拉喇嘛益西沃在异国他乡去世，而他的愿望经后人的努力得以实现。

根据《布顿佛教史》，拉喇嘛益西沃时期，由尼泊尔译师班玛日泽邀请班智达弥底和查拉让帕进藏传法，但译师犯胃病去世，两位班智达因不懂藏语而在前后藏一带流浪。其中弥底在一个叫达那的地方为人家放羊维持生活，后来被切斯札帕·索南坚赞发现，被请到曼隆讲法，并赴康区的丹隆塘地方建立《俱舍论》的讲习院。后来弥底成为一名藏语言专家，翻译了《四座》《文殊明智法门》《胜观佛密义》等佛经；在朗曲金殿撰写了《语门论》（或称《口剑论》），这不是佛教著作，而是一本涉及梵文、藏文之词汇、语句等语言学专著，在藏族古典语言学著作中具有重要地位。

古格王拉德时期，邀请克什米尔的大班智达释迦室利来藏传法，他在古格地区主持翻译了较多佛教经论，还传授佛教戒律，由此传出

❀ 古格王朝遗址上的佛殿内部建筑结构

❀ 古格王朝遗址上的佛殿壁画（局部）

的戒律传承，被称为"班钦律学"，其意为从大班智达释迦室利处传承下来的佛教戒律学。

拉喇嘛绛曲沃遵照叔叔拉喇嘛益西沃的遗言，先后派遣藏族译师嘉尊智僧格和那措茨诚嘉瓦，携带大量黄金前往印度，迎请著名佛教大师阿底峡尊者进藏弘法，几经周折，最终如愿以偿。阿底峡尊者入藏传法，从而掀起藏传佛教复兴的高潮，推动了重振藏传佛教正统的进程。至此，后弘期藏传佛教在整个藏族地区得到全面弘传。如果说藏传佛教下路复兴以继承佛教戒律传承为其主要特色，那么上路复兴则以翻译佛经为其主要特色。下路复兴点燃了藏传佛教后弘期之火，上路复兴则使藏传佛教后弘期之火熊熊燃烧起来。

藏传佛教的"后弘期"无论在传教范围上，还是在信教群众对佛教的信仰程度上，皆远远超过前弘期。后弘期的藏传佛教，兴佛规模是空前的，并经历了一段比较漫长的时期。如从 10 世纪末算起，至 15 世纪初格鲁派创立为止，将近 500 年之久。从宗教发展史的角度看，后弘期是藏传佛教的繁荣时期，产生了许多互不隶属的宗派，形成了自己的宗教文化特色，并出现了活佛转世这一特有传承模式。

藏传佛教的绝大多数宗派（除格鲁派以外），是从 1057 年至 1293 年间相继产生的，11 至 13 世纪是藏传佛教后弘期的大发展时期。出现这种宗教上的繁荣时期，主要由于这一时期藏族地区社会相对稳定、经济相对繁荣，而且在藏传佛教界人才辈出，宗教活动十分活跃。

从 13 世纪后期开始，藏传佛教开始向周边其他民族地区传播，走出了单一的藏族文化圈。在中国，藏传佛教遍布于西藏、青海、甘肃、四川、云南、内蒙古、新疆等地方，为藏族、蒙古族、土族、裕固族、纳西族、普米族等民族的绝大多数群众所信仰。在国外，诸如不丹、尼泊尔、印度、蒙古人民共和国、俄罗斯的部分地区，以及美洲、欧洲的不少国家都有藏传佛教的寺院和信奉者。藏传佛教不仅是中国佛教的重要组成部分，而且具有世界性影响。

藏传佛教宗派

藏传佛教在中国分布范围较广，内部宗派较多，寺院林立，僧尼信徒众多，社会影响比较大，不仅对藏族地区的政治、经济、文化等领域产生巨大影响，而且对周边民族地区也产生了一定影响。

一、宁玛派

宁玛派 (rnying ma pa)，是藏传佛教的重要宗派之一。"宁玛" (rnying ma) 一词的意思为"古"或"旧"，宁玛派即古派或旧宗派。宁玛派取名为古派或旧派，主要是它继承了从前弘期流传下来的密教思想以及相关仪轨，俗称"红教"或"红帽派"，这是依据宁玛派僧侣头戴红色僧帽而命名的。宁玛派认为，该宗派的教法仪轨等均传承于藏传佛教前弘期的莲花生大师。宁玛派便成为藏传佛教诸多宗派中历史最为悠久的一支。

宁玛派作为一支独立的宗派，也是在后弘期中形成的，因为在前弘期时没有宗派之分。由于早期的宁玛派采取师徒和父子相传的传教形式，既没有形成统一的系统教义，又没有固定的权威性寺院，而且其僧侣组织比较松散。后期，宁玛派的教义及其传承比较庞杂，大致可归纳为三种传承：远者经典传承、近者伏藏传承和甚深净境传承。

在藏传佛教后弘期的初期阶段，有三位宁玛派大师为宁玛派的形

❖ 位于四川省甘孜藏族自治州的宁玛派寺院佐钦寺莲花生佛殿

成起到了关键性作用。三位大师史称"三素"，即索波切·释迦琼乃
（1002—1062）、索琼·喜饶札巴（1014—1074）和索·释迦桑格（1074—
1134）。索波切·释迦琼乃从小亲近当时的许多密宗大师，广泛学习宁
玛派教法，逐步学到了当时各种流行的密法。比如，索波切·释迦琼
乃从娘·耶协琼乃大师完整地学到了《幻变经》密法，托噶·南喀拉大
师又向他传授了《集经》密法。可见，索波切·释迦琼乃基本上继承了
前弘期传承下来的远传经典派的全部教法。后来索波切·释迦琼乃还
特意向大译师卓弥·释迦益西（993—1075）敬献一百两黄金，获得道果
法的圆满传授。通过广泛求教和刻苦钻研，索波切·释迦琼乃很快成
长为一名精通宁玛派教法并具有渊博宗教知识的大师，特别是他创建
了邬巴隆寺，为宁玛派开辟了一个统一的宗教活动中心。从此，索波切·
释迦琼乃就在该寺开展了一系列促进宁玛派教法仪轨得以进一步完善

的具有划时代意义的宗教活动，使宁玛派结束以往的分散格局或无组织状态，开始走向拥有完整教法仪轨和寺院组织的正规宗派行列。

索波切·释迦琼乃去世之后，索琼·喜饶札巴成为唯一的继承人。他在管理邬巴隆寺、卓浦寺和札嘉沃修行地三处宁玛派的活动中心时，建立健全规章制度，使寺院宗教活动开始走向正规化。比如，他规定每天早晨在邬巴隆寺举行宗教活动，正午在卓浦寺举行宗教活动，傍晚在札嘉沃修行地举行宗教活动。同时，为了扩大宗教活动规模，索琼·喜饶札巴亲自主持建造了一座九个柱子的豪华佛殿，取名为空行神殿，里面塑有 42 尊佛像及护法神，并在两面墙壁分别绘有广略坛城图案。除此之外，还建立了几座小殿。索琼·喜饶札巴在佛教显宗理论因明学上有一定的造诣，并具有很强的辩经能力，成为当时其他新兴宗派

❀ 山南敏珠林寺中的密宗立体坛城

僧侣在辩经场上的主要竞争对手。经过多次辩经，索琼·喜饶札巴所向无敌，在当时的佛教界赢得崇高荣誉，后来许多辩经对手都成为他的弟子。由于当时的宁玛派僧侣大都为居士，他们注重密法的修炼，而不太关心对显宗理论的学习，在宁玛派显宗理论辩经方面没有更多人才的情况下，索琼·喜饶札巴便一枝独秀，为宁玛派的发展作出了巨大贡献。

索·释迦桑格，又名秘密怙主·卓浦巴或拉杰钦波·卓浦巴，是索琼·喜饶札巴的儿子，于 1074 年也是父亲去世的那年出生。根据有关藏文资料，索琼·喜饶札巴大师有三个儿子和数名女儿，而且都是修习宁玛派教法的僧尼，后来唯独最小的儿子索·释迦桑格获得大成就而成为父亲的接班人。索·释迦桑格主要靠他的母亲和舅舅抚养成长，15岁前在家中一边学习文化，一边练就管理家务的本领，因为当时索·释迦桑格家已是一户资财极为丰厚的富裕人家，需要有人管理。从 15岁至 19 岁，索·释迦桑格在百忙中挤出时间，外出广拜名师，系统学习佛教理论，特别学习了《集经》《幻变经》《心品》等宁玛派远传经典部的全部教法，成为继承和发扬这一传承的主要人物。索·释迦桑格将卓浦寺作为自己常住的主寺，进行了大规模地修复和扩建，并在该寺每年举行春、夏、秋、冬四季法会，为宁玛派寺院的正规化发展作出贡献。

经过三位大师的不断努力，宁玛派逐渐成为一个有固定寺院、有系统经典、有僧侣组织的完全独立的宗派，并树立起自己的声誉。这一传承属于宁玛派中的经典传承，也是宁玛派中最正统、最权威的教法传承，在藏族地区一直流传至今。

在宁玛派发展史上还有一位重要人物，他原名叫智美奥色，法名为茨臣罗哲，尊称隆钦饶绛巴，生于 1308 年，12 岁出家，在当时的

隆青绕将（大圆满）
Kunchen Longchen
Rabjam pa

桑耶寺内的隆钦饶绛巴塑像

诸多大师前修学宁玛派以及其他宗派的密法，并在桑浦寺学习"慈氏五论"和"法称七因明"等显宗经论。因此，隆钦饶绛巴成为当时藏传佛教界兼通显、密教法的著名人物。他的著述颇丰，其中最著名的有"宁提"法类35种，即喇嘛漾提等，以及七大藏论，即《胜乘藏》《实相藏》《要门藏》《宗派藏》《如意藏》《句义藏》《法界藏》。这些论著主要弘扬了大圆满法的教义，为宁玛派的传播作出贡献。他于1363年去世，享年56岁。

隆钦饶绛巴在他短暂一生中，不仅丰富和发展了宁玛派的教法仪轨，而且为宁玛派培养了诸多高僧大德。此外，隆钦饶绛巴曾前往不丹传教，并在那里建造了一座叫塔尔巴林的宁玛派寺院，后来宁玛派又从不丹传到尼泊尔。因此，近代许多不丹和尼泊尔的宁玛派僧人常到佐钦寺学习宁玛派的教法。

17世纪，宁玛派在五世达赖喇嘛的支持下，在西藏地区得到进一步的发展。五世达赖喇嘛不仅扶持原有宁玛派寺院，使多杰扎寺、敏珠林寺等扩大其势力，而且亲自创建一座宁玛派新寺，即尊胜洲寺，在该寺专门传授宁玛派教法，还把噶玛噶举派的创始人都松钦巴在山南洛扎建立的拉隆寺改宗宁玛派。自五世达赖喇嘛以来，历届西藏地方政府，每遇战乱、灾害、瘟疫等，都要从桑耶寺请宁玛派僧人进行占卜，作法禳解，提高了宁玛派的社会影响和宗派地位。

二、噶当派

噶当派（bkav gdams pa），藏传佛教重要宗派之一，又是藏传佛教后弘期首开宗门的宗派，属于新派系统。噶当派是一支具有悠久历史的宗派，对其后形成的藏传佛教其他宗派产生多方面、深层次的影响。正如松巴·益西班觉所说：噶当派在藏地出现的佛教诸派中如须弥山一般高妙。[26] 然而，噶当派发展300多年之后，却因被后起之秀格鲁派兼容而在藏族地区逐渐消失。自15世纪末开始，噶当派作为一支独立门户的实体宗派逐渐淡出，最后完全融入格鲁派之中。

噶当派的法脉传承源于阿底峡尊者，但作为一支独立的宗派，噶当派是由仲敦巴·嘉维炯奈创立的，经三大师兄弟和后辈嗣法者的推广发展而发扬光大。噶当派这一名称是根据该宗派所奉行的教法仪轨命名的。"噶当"一词是藏语"bkav gdams"的音译，"bkav"（噶）意指"佛语"，"gdams"（当）意指"教授"，故"bkav gdams"（噶当）一词则有"佛语教授"之意义，表明该派继承和发扬阿底峡的"三士道"教规。

---

[26]　松巴·益西班觉:《如意宝树史》,蒲文成、才让译,兰州: 甘肃民族出版社,1994,第334页。

土观·洛桑却吉尼玛曾解释说："此派乃是将如来的言教，即三藏教义，一切无遗地摄入在阿底峡尊者三士道次第的教授之中，并严格全面地修习，所以名为噶当巴。"[27] 可见该宗派之所以命名为噶当派，是因为阿底峡建立的"三士道"教规中包含佛祖所讲的经律论三藏在内的一切教义。阿底峡建构的"三士道"理论体系，是噶当派教义的理论基础，也是噶当派僧人修学佛法的主要内容。

噶当派的教法仪轨源于阿底峡尊者，其创始人是仲敦巴·嘉维炯奈（vbrom ston pa rgyal bavi vbyung gnas，1005—1064），简称"仲敦巴"，是前藏堆隆（stod lung，今西藏拉萨市堆龙德庆县）人，童年时期前往他乡求学念书，正巧遇见从康区前往南尼泊尔的赛尊（se btsun）大师，对他生起敬信，成为其弟子。仲敦巴在服侍赛尊大师的同时，如饥似渴地修学佛法，期间有机会向一位印度人学习梵文。藏历第一饶迥木鸡年（1045），仲敦巴听到阿底峡在阿里古格地区传法的消息后，向赛尊上师请示并获准许，立即赴阿里拜见阿底峡尊者。从此，他没有离开过阿底峡，始终跟随并无微不至地服侍尊者，直至 1054 年阿底峡在聂塘圆寂为止。

仲敦巴在阿底峡身边一面精心服侍这位德高望重的上师，一面向他学习佛法，深受阿底峡器重，阿底峡向他传授了不少甚深密法，为他后来创立噶当派打下了坚实的佛学基础。阿底峡圆寂后，仲敦巴作为其诸多弟子中资历最深的大徒弟，开始领导众师弟，传扬阿底峡教授的教法仪轨。藏历第一饶迥木羊年（1055），仲敦巴在阿底峡圆寂的地方聂塘（snye thang，今西藏拉萨市曲水县）主持阿底峡圆寂一周年的纪念活动，并在当地修建了一座佛殿，称聂塘佛殿（snye thang lha khang），因佛殿内供奉阿底峡崇拜的主尊度母像，后人称其为聂塘卓

---

[27]　土观·洛桑却吉尼玛：《土观宗派源流》，刘立千译，第 46 页。

❋ 觉仲师徒像（讲述了噶当派始祖阿底峡大师向贴身弟子仲敦巴传授
　佛法的故事）

噶当派创始人仲敦巴

玛拉康（sgrol ma lha khang），即聂塘度母殿，至今香火不断。

藏历第一饶迥火猴年（1056），仲敦巴在当雄及热振等地领主们的大力资助下，在热振地方（今西藏拉萨市林周县）创建了第一座传承阿底峡法脉的寺院，取名热振寺。最初寺院规模不大，寺僧人数不多，只有60多名僧人，但个个戒律严谨、德智兼优，成为专门宣扬阿底峡倡导的教法仪轨的僧团。

仲敦巴担任热振寺首任住持达9年，集中精力讲经说法，主要教授《八千颂般若经》、《八千颂般若注疏》（广、略二经）和《二万颂般若光明论》等佛教显宗经论，并建立了一个完善的寺院教育机制。在此基础上形成了新的宗派，即噶当派。仲敦巴一生没有受过比丘戒，一直以居士僧身份自居，但是他遵循佛教戒律，严格要求自己，在佛教僧团内以身作则，成为一名德才兼备的著名人物，在藏传佛教界享有崇高声誉。藏历第一饶迥木龙年（1064），仲敦巴在热振寺去世，享年60岁。

仲敦巴培养了许多著名弟子，其中三位颇有建树的大弟子分别是博多瓦·仁青赛（po to ba rin chen gsal，1031—1105）、京俄瓦·茨诚巴（spyan snga pa tshul khrims vbar，1038—1103）和普琼瓦·勋努坚赞（phu chung ba gzhon nu rgyal mtshan，1031—1106），并撰有《噶当派师徒问道录》(《阿底峡传》)、《赞尊者三十颂》、《在家道德规范要鬘》等论著。

仲敦巴去世后，热振寺的住持由南觉钦波（rnam vbyor chen po，1015—1078）继任。南觉钦波也是阿底峡尊者的著名弟子之一，他曾在阿底峡座前系统学习佛法,但后来专注于密宗修炼,便得名南觉钦波,意指"大瑜伽师"。据传，南觉钦波在理解或阐释阿底峡的《二谛论》（bden gnyis）方面胜于仲敦巴。南觉钦波担任热振寺住持达 14 年之久,其间，继续推动仲敦巴未尽的弘法事业。他扩建热振寺，使热振寺在建筑形式上初具规模，而且培养了不少佛家弟子。其中著名的弟子有堆垄巴·仁钦宁波（stod lung pa rin chen snying po）、莱摩钦波（lhab mi chen po）、格西芒拉（dge bshes mang rab）等。1078 年南觉钦波在热振寺去世后，由贡巴瓦（dgon pa ba，1016—1082）担任热振寺住持。

贡巴瓦，也是阿底峡的著名弟子之一，其家族宗名为曾（vdzeng），

✦ 噶当派主寺热振寺

本名叫旺秋坚赞（dbang phyug rgyal mtshan）。他最初从康区到前藏求法时，有幸遇到阿底峡尊者，拜师学法。贡巴瓦向阿底峡请求传授密宗修炼法，经过刻苦修习成为阿底峡的一名优秀弟子。尤其贡巴瓦在继任热振寺住持期间，在众多弟子前多次显示他那高超缜密的密宗气功。相传，贡巴瓦一次静坐达三昼夜，却没有丝毫动静，使周围徒弟虚惊一场。贡巴瓦是在热振寺去世的，他的众多弟子中有四大著名弟子，即奈素巴（snevu zur pa）、嘎玛巴（ka ma ba）、念那牟贝（gnyan sna mo pas）和古德隆瓦（ko de lung ba）。

贡巴瓦去世后，在一段时间内热振寺住持空缺。之后，开始由仲敦巴的弟子相继担任。其间，噶当派得到进一步发展。这样，噶当派创始人仲敦巴在世期间将上师阿底峡的"菩提道次第"传承分成三个子系分别传授给诸弟子，又由诸弟子分别建立了三大教法传承，而且其后300年间未再合而为一，故称噶当派三大教法传承。三大教法传承分别是：教典传承（gzhung pa），该传承重视学习佛教经典；教授传承（gdams ngag），重视上师口传与实际修行；教诫传承（man ngag），重视严格遵守佛教戒律。

在噶当派的诸多寺院中，除了热振寺外，尚有两座对后世影响很大的寺院，即桑浦寺和纳塘寺。桑浦寺位于拉萨以南、聂塘以东，它以提倡因明、辩论而著称，在藏传佛教史上占有一定的地位；纳塘寺是最早编纂、修订藏文大藏经《甘珠尔》和《丹珠尔》的寺院，所以这部大藏经叫纳塘版，纳塘寺也以此著称于世。1409年，宗喀巴大师在噶当派的教法仪轨基础上建立了格鲁派，并逐渐将噶当派的寺院及其僧侣归入格鲁派，故格鲁派又有"新噶当派"之称。从此，噶当派作为一个独立的宗派在藏族地区消失了。

三、萨迦派

萨迦派（sa skya pa），藏传佛教主要宗派之一。其法脉源于印度大成就者毗瓦巴（birlawpa），藏族译师卓弥·释迦益西（vbrog mi shwakya ye shes，993—1074）赴印度求法得到这一法脉传承，回藏后传授给昆·贡却杰布（vkhon dkon mchog rgyal po，1034—1102）；1073 年，昆·贡却杰布建寺传法，创立萨迦派，主要推崇、阐扬和修持道果法（lam vbras）。

根据《萨迦世系史》，昆·贡却杰布从小跟随父亲释迦洛哲和兄长喜饶慈臣学习佛法，得到昆氏家族的密法传承灌顶。然而年长后，则对当时流行的新密法很感兴趣。有一次，昆·贡却杰布去参加在卓地方举行的大型庆典会，该庆典会不拘一格，热闹非凡，表演节目名目繁多，使人眼花缭乱，但其中最引人注目的便是那些持密咒师们表演的剧目，他们头戴自在母面具，手持各种法器，简直就是女性装扮，甚而以散发天女之鼓舞姿态手舞足蹈或翩翩起舞。昆·贡却杰布回家后，将看到的情景如实告知兄长，并请教出现这种现象的原因等问题。兄长回答道：现在旧密法正处在没落时代，将来很难在修持旧密法中产生德才兼备的大成就者。[28]

当昆·贡却杰布遵照兄长喜饶慈臣的举荐，前往卓弥·释迦益西处学法时，在途中遇到钦译师（vkhyin lo tsa ba）大德，便决定先在这位大德前学习新密法。钦译师向他传授喜金刚灌顶，并讲授其密续。密续尚未全部讲授完毕，钦译师不幸逝世，昆·贡却杰布才不得不直接赴后藏拉堆地方的聂谷隆寺，向卓弥·释迦益西继续学习钦译师未完成的喜金刚密续。昆·贡却杰布成为卓弥五大弟子中最优秀的教法

---

[28] 阿旺·贡噶索南：《萨迦世系史》（藏文版），北京：民族出版社，1986，第 18 页。

萨迦派创始人昆·贡却
杰布塑像

继承者。卓弥向昆·贡却杰布传授了部分大宝经论，特意传授了密宗三续的经论。此外，昆·贡却杰布还拜其他大师学习新密法，在桂译师（vgos lo tsa ba）前学习有关密集的教法，在邬杖那的班智达智密（shes rab gsang ba）前学习关于五明点（thig le lnga）教法，在玛译师（rma lo tsa ba）前学习胜乐等教法。昆·贡却杰布成为通晓新旧密法的著名人物。[29]

昆·贡却杰布在佛学上取得成就后，首先在香域绛雄（zhang yul vjag gshong）地方，为已故父亲和兄长建造了一座灵塔。塔内供奉具有加持力的檀香木金刚橛。之后，在札沃隆（bra bo lung）地方创建了一

---

[29] 阿旺·贡噶索南：《萨迦世系史》（藏文版），第19页。

座小型寺院，后来被称为萨迦果波寺（sa skya gog po）。昆·贡却杰布在该寺居住数年，有一次，师徒一起外出休闲，突然发现波布日山酷似一头卧象，其腰间右侧有一块吉祥之白点，前面还有一条向右奔流的小河，整个地方充满吉祥福泽的景象。昆·贡却杰布想到，如在此地建一座寺院会使教法兴隆，给众生带来好运。他将在此地建造寺院的想法，首先向当地总管东那巴（gdong nag pa）作了请示，得到允许，接着又特意向土地拥有者香雄古热巴主人、四部僧庄，以及施主七村等协商，愿出资购买这块充满瑞祥之土地。有幸的是，这些与土地有关的主人们不但没抬高价格，而且将土地赠送给昆·贡却杰布。昆·贡却杰布为了今后不出现任何意外，还是向他们赠送一匹白骡、一串珍宝念珠和一套女装等作为回赠礼品，并划界明确：摩卓以下柏卓以

❖ 萨迦派主寺萨迦寺

73

上所有土地归昆·贡却杰布使用。[30]

1073 年，昆·贡却杰布在犹如卧象腰间白点般的这块灰白色土地上刨土兴建了一座寺院，这就是著名的萨迦寺。该寺位于后藏仲曲河谷北岸的波布日山脚下，因寺院建筑位置正好处在一块灰白色土地之上，故取名为萨迦寺，"萨迦"一词为藏语"Sa skya"的音译，意为灰白色的土地，以体现建筑寺院的地方是一方充满吉祥之土地。因萨迦寺等建筑物围墙上刷红、白、蓝三种颜色，故萨迦派俗称"花教"。

昆·贡却杰布以萨迦寺作为昆氏家族的家庙和自己传教的场所，向以昆氏家族为主的信众传授新密法，并逐步建构以道果法为密法传承的新教法体系，从而建立了藏传佛教萨迦派。昆·贡却杰布在萨迦寺任寺主并传法近 30 年，为萨迦派的形成和发展奠定了良好的基础。就昆·贡却杰布自身而言，他遵循昆氏家族的世袭制度，没有正式出家为僧，始终保持居士身份。昆·贡却杰布有两位妻子，大妻子无子后，又娶小妻子才得一子，后来成为萨迦派的教主。根据史料记载，从昆·贡却杰布开始，萨迦派就决定其法位以家族相传的形式继承，政教权力都集中在昆氏家族手中。梳理萨迦派的历史传承可以发现，萨迦五祖为萨迦派的发展作出过巨大贡献，他们在藏传佛教史上享有很高的声誉。除了萨迦派寺院外，其他宗派的寺院也供有萨迦五祖的塑像和唐卡。

萨钦·贡噶宁布（sa chen kun dgav snying po，1092—1158），萨迦派五祖之首位，幼年跟随父亲昆·贡却杰布学习佛法，10 岁时父亲去世，遂广拜印度、藏族名师，修学包括"道果法"在内的佛教显密二宗的教法仪轨。此外，贡噶宁布在诸多导师前修学不同的教法，跟从章德达玛宁布学习《俱舍论》，跟从琼仁钦札巴和党美朗材两位大德学习

---

[30]　阿旺·贡噶索南：《萨迦世系史》（藏文版），第 19-20 页。

《中观》（dbu ma）与《因明》，在南库瓦兄弟座前修习《密集》和《大黑天》等密法，在居曲瓦札拉巴座前修习《喜金刚》等密法，在贡唐瓦麦罗座前修习《胜乐》和《明王》等密法，在布尚洛琼座前修学《胜乐》等密法，在香顿处居留 4 年，专心修学"道果法"。据说，天竺大成就者毗瓦巴为开启并传扬密宗法门，亲自光临萨迦地区，向贡噶宁布特意传授了七十二部密续之教法和不能逾越萨迦寺围墙之十四部甚深教法。贡噶宁布 20 岁时，接任萨迦寺住持，以萨迦派教主身份，大力宣扬显密教法，重视对"道果法"的教授，直至去世。他主导萨迦派的教法仪轨长达 47 年之久，在建立和完善宗派的教法体系、推动宗派的发展和壮大宗派的权势等方面均作出前所未有的巨大贡献，故被后人尊称为"萨钦"，意为萨迦派第一大师。他在佛学领域取得高深的造诣，尤其在萨迦派独自传承的"道果法"方面颇有成就，被公认为萨迦派一代神通广大的密宗大师，他能一身显现 6 种不同神相，也被公认为观音菩萨之化身。他培养了许多杰出的弟子，获得殊胜成就者 3 名、获得能忍成就者 7 名、通达经论讲说之心传弟子 11 名、精于讲解文句之心传弟子 7 名，等等。贡噶宁布育有 4 个儿子，依次为贡噶跋、索南孜摩、札巴坚赞和柏钦沃波。其中，贡噶跋赴印度求法，22 岁时卒于摩揭陀地方；索南孜摩继任父亲的法位，成为萨迦派第二祖；札巴坚赞继任兄长的法位，成为萨迦派的第三祖；柏钦沃波（1150—1203）没有出家为僧，而是娶妻成家，繁衍昆氏家族后嗣。

索南孜摩（bsod nams rtse mo，1142—1182），萨迦派五祖中第二祖，幼年时跟随父亲贡噶宁布学习萨迦派教法，年长后赴桑浦寺拜噶当派高僧恰巴·却吉僧格为师，学习慈氏五论及因明学等显宗教法。贡噶宁布去世后，继任父亲法位，但不久后却将法位让给弟弟札巴坚赞，他自己集中精力，专心修习佛法，主要在前藏的桑浦寺研习佛学奥义。

他博通显密教法，尤以注重密宗修炼和严守佛教戒律而誉满当时宗教界。同时，索南孜摩娴熟声明、工巧明、医方明、因明和内明，即五明学科，为推动佛教文化在青藏高原的进一步发展起到积极作用。

札巴坚赞（grags pa rgyal mtshan，1147—1216），萨迦派五祖之第三祖，幼年时跟随父亲贡噶宁布学法至 12 岁。8 岁时在绛森·达瓦坚赞处受梵行优婆塞戒，至 10 岁时能够闻记《律仪十二颂》《修法·莲花》等，被称为神童，11 岁时向众人宣讲《喜金刚》等密法，震惊远近佛教学僧。札巴坚赞 13 岁时继任萨迦寺住持，自幼年就肩负起萨迦派的教务重担，先后主持增建佛殿，扩大寺院规模，用金汁书写大藏经《甘珠尔》部。札巴坚赞不食酒肉，严守佛教戒律，将广大信徒布施的财物全部用于建造佛像、佛殿和佛塔以及救济贫困农牧民。他主持萨迦寺长达 57 年之久，对萨迦派的发展壮大倾注心血，多有贡献。当他去世时，财产只有一个坐垫、一套袈裟，别无他物，表现了一个严守清规戒律的出家僧人所具备的高尚品德。

萨迦班智达·贡噶坚赞（sa skya pan ti ta kun dgav rgyal mtshan，1181—1251），萨迦派第四代祖师，为萨迦派第一祖贡噶宁布（kun dgav snying po）最小的儿子柏钦沃波的长子，原名班丹顿珠（dpal ldan don grub），从小在札巴坚赞（grags pa rgyal mtshan）伯父座前受近事戒（沙弥戒），改名贡噶坚赞，广泛学习文化和佛教知识，打下良好的佛学基础。25 岁时，贡噶坚赞师从进藏传教的迦湿弥罗籍高僧释迦室利（shawkya shi），在其座前受具足戒（比丘戒），学习《释量论》（tshad ma rnam vgrel）等因明七论以及《现观庄严论》（mngon par rtogs pavi rgyan）等经论，同时专门学习工艺学、星象学、声律学、医学、修辞学、诗歌、歌舞等文化科目，成为一名博通印藏十明学科的大学者，被尊称萨迦班智达（pan di ta），其声名远播。印度南方的绰切噶瓦（vphrog

❖ 桑耶寺内的萨迦班智达·贡嘎坚赞塑像

byed dgav bo）等 6 名学者专门来西藏同萨迦班智达·贡嘎坚赞进行辩论，他们在西藏芒域吉仲（ mang yul skyid grong）的圣瓦第桑布寺附近的一个集市辩经 13 天，最后 6 名印度学者败北，以削发出家为僧的方式承认自己失败，拜萨迦班智达·贡嘎坚赞为师，皈依佛教。从此萨迦班智达·贡嘎坚赞的声望响彻整个藏区，成为家喻户晓的藏族文化名人。

　　1216 年，萨迦班智达·贡嘎坚赞继任萨迦寺住持，讲经说法，发扬光大萨迦派的教法仪轨；1246 年，萨迦班智达·贡嘎坚赞应元朝宗王阔端之邀请到达凉州，同阔端议定西藏各地方势力归顺蒙古政权的条件。他致书西藏僧俗领袖，陈述利害，劝说归顺，成为西藏宗教领袖与蒙古王室建立政治联系的第一人，对西藏归附蒙古政权促进元朝统一大业作出贡献。此外，萨迦班智达·贡嘎坚赞在凉州给阔端治病、讲经传法，扩大了藏传佛教在蒙古人中的影响；同时，他在凉州新建幻化寺（sprul pavi sde），调整了萨满教与佛教的关系。1251 年，萨迦班智达·贡噶坚赞在凉州去世，享年 72 岁。

萨迦班智达·贡噶坚赞著述颇丰，主要有《三律仪论》《量理宝藏论》《智者入门论》《乐器论典》《修辞学》《声明学》《萨迦格言》《教理善说论》《中观发心仪轨》《甚深道上师瑜伽法》《致雪域诸瑜伽行者教诫》等名著。其中，《三律仪论》（sdom gsum rab tu dbye ba）是一部重要著作，书中判定当时佛教界存在的各种佛学观点的是非，阐述自己对佛教的理解和见解；《量理宝藏论》是以陈那的《集量论》和法称的《释量论》为依据，并运用自己的认识论和逻辑思维撰写的一部全新的因明学著作，在藏传佛教因明学领域具有举足轻重的地位；《萨迦格言》是一部脍炙人口的格言集，其内容主要反映社会伦理和为人处世的道理，在藏族地区流传范围广大，深受藏族人民的喜爱。

八思巴（vgro mgon vphags pa，1235—1280），萨迦派五祖中的最后一位，为萨迦派第四祖萨迦班智达·贡噶坚赞弟弟索南坚赞的儿子，本名洛哲坚赞，八思巴是尊称，意为"圣人"。少年时聪慧好学，8 岁时即能凭记忆讲述佛本生经，9 岁时讲解喜金刚续第二品。因在僧众集会上常讲经说法，周边高僧大德对其大为欣赏；10 岁时作为萨迦班智达·贡噶坚赞的随从前往凉州与蒙古汗王阔端谈判。八思巴天性聪慧，受到伯父萨迦班智达·贡噶坚赞的良好教育。17 岁时，被临终的萨迦班智达·贡噶坚赞任命为自己的法位继承人，成为萨迦派最年轻的教主。八思巴从小跟随萨迦班智达·贡噶坚赞接触蒙古王公贵族，熟悉蒙古宫廷的生活，还与汉地、西夏、畏兀儿等地的宗教人士会面交谈，打下广博的社会知识基础，并成长为一名精通各种宗教知识的藏传佛教高僧。

❈ 八思巴像

　　1253 年，八思巴应召在六盘山谒见薛禅汗忽必烈，大汗夫妇及其子女以世俗人拜见上师的礼节与八思巴会面，先后共有 25 人受密宗灌顶。忽必烈向八思巴奉献财宝作为对上师的供养。1254 年，八思巴再次会见忽必烈，忽必烈以亲王身份向八思巴颁赐诏书，主要阐述了蒙古亲王与八思巴所代表的后藏地区的寺院僧人的关系，也表达了蒙古亲王对藏族僧人的规劝引导。1255 年，八思巴从藏区邀请严守比丘戒律传承的高僧大德，在汉蒙交界处河州地方为自己授比丘戒。

　　1258 年，在元朝上都的宫殿隆重举行佛道辩论会，两派各 17 人参加，佛教一方以时年 23 岁的八思巴为首组成，结果道教一方承认自己辩论失败，17 名道士削发为僧，一些道观随之改宗佛教。1260 年，忽必烈继任蒙古大汗位,立即封八思巴为国师,授以玉印,令其统领全国佛教。至元元年(1264),元世祖忽必烈迁都北京,在中央政府机构中设立"总制院",后改为"宣政院",并由国师领导;将藏族地区划归总制院管辖,使国师兼有政教双重权力。至元二年(1265),八思巴返回西藏,对萨迦寺进行修缮,新造佛像、灵塔,用金汁书写大藏经中的甘珠尔部。同时,他拜克什米尔班智达希达塔噶大巴札、罗沃译师喜饶仁钦、纳塘堪钦青南喀札等20多位大德为师,研习因明学和密宗修持等佛教显密宗教理仪轨,学习五明学等文化知识。八思巴在藏期间,奉忽必烈之命,仿照藏文字母创制了由41个字母构成的"蒙古新字",其语音拼读均按蒙语,后称八思巴蒙古文。忽必烈于1269年下诏,在全国范围内推行蒙古新文字。

八思巴创制新文字,深得元朝皇帝器重。至元七年(1270),八思巴第二次向忽必烈授予密宗灌顶,亲传喜金刚密法。据史书记载,忽必烈向八思巴奉献六棱玉印和专门诏书作为供养,封八思巴为"普天之下,大地之上,西天佛子,化身佛陀,创制文字,护持国政,精通五明班智达八思巴帝师",并赐给白银一千大银、绸缎五万九千匹等。这一时期,新任元朝帝师的八思巴在西藏建立了萨迦地方政权,由萨迦派高僧法王和昆氏家族俗官本钦共同执掌西藏地区事务。

1276年,八思巴抵达萨迦寺。此次返藏,由太子真金护送。八思巴在途中专为真金讲述佛法,撰写了《彰所知论》,共分五品:器世间、情世间、道法、果法、无为法。此书有汉译本,收录在汉文大藏经中。从内容上看,它涉及佛教的基本知识,包括宇宙论、人生论、认识论和解脱论。八思巴在藏期间,西藏各地的高僧大德以及修习佛法的各派学僧、各地的官员贵族都前来拜会,从印度和克什米尔也有一些班智达闻讯前来,大家向八思巴奉献供品,礼敬尊崇,请求说法。1277年,在后藏的曲弥仁摩地方，今纳塘寺附近，举行了 7 万僧众参加的盛大法会，史称"曲弥大法会"。这是继古格王孜德于 1076 年在阿里地区举办的"丙辰大法会"之后的又一次规模空前的藏传佛教大法会。时间持续半个月之久，八思巴向僧俗信众宣讲深广的教法，发放难以计量的物品。此次法会的成功举办，提升了八思巴的威望。1280 年，八思巴在萨迦寺拉康拉章去世。忽必烈又赐封号为"皇天之下一人之上宣文辅治大圣至德普觉真智佑国如意大宝法王西天佛子大元帝师"。1320 年，元仁宗下诏，在全国各地建造八思巴帝师殿，以此永远纪念这位元朝功臣。

根据藏文史料，萨迦五祖中的前三祖称为白衣三祖，因为他们都没有正式出家受比丘戒，而是身着俗衣以居士身份自居，故称白衣三祖。后二祖正式出家为僧，受过比丘戒，身着红色袈裟，故称红衣二祖。萨迦五祖之后，又有许多高僧大德为萨迦派的不断发展发挥过巨大作用。其中萨迦四大拉章，始终是萨迦派蓬勃发展的四大支柱。萨迦四大拉章分别为细脱拉章、拉康拉章、仁钦岗拉章和迪却拉章。萨迦四大拉章起源于元朝帝师贡噶罗追坚赞时期，贡噶罗追坚赞将他的同父异母的众多兄弟分成四个拉章，由他们分别担任各个拉章的住持。

萨迦四大拉章中的细脱拉章（gzhi thog bla brang）是在南喀勒贝洛智坚赞（nam mkhav legs pavi blo gros rgyal mtshan，1304—1343）任萨迦寺住持时开始建立的，其子贡噶仁钦坚赞贝桑布（kun dgav rin chen rgyal mtshan dpal bzang po，1331—1399）继任细脱拉章住持时，又将该拉章从萨迦迁址到曲弥地方，并由其子嗣相继担任拉章住持。

贡噶仁钦坚赞贝桑布之后，由其子洛智（追）坚赞（blo gros rgyal mtshan，1366—1420）主持细脱拉章。之后，由洛智坚赞之子贡噶旺秋（kun dgav dbang phyug，1418—1462）继任细脱拉章住持。贡噶旺秋去世后，细脱拉章趋向衰落。

萨迦四大拉章中的拉康拉章（lha khang bla brang）开始于贡噶坚赞贝桑布（kun dgav rgyal mtshan dpal bzang po，1310—1358），他是拉康拉章的第一任住持；其子却吉坚赞贝桑布（chos kyi rgyal mtshan dpal bzang po，1332—1359）为拉康拉章第二任住持。之后，却吉坚赞贝桑布之子贡噶扎西坚赞贝桑布（kun dgav bkra shes rgyal mtshan dpal bzang po，1349—1425）掌管拉康拉章。贡噶扎西坚赞贝桑布之后，由索南扎西坚赞贝桑布之子扎西坚赞大师掌管拉康拉章，至 16 世纪左右，拉康拉章趋向衰落。

萨迦四大拉章中的仁钦岗拉章（rin chen sgang bla brang）开始于绛洋顿悦坚赞（vjam dbyangs don yod rgyal mtshan，1310—1344）。绛洋顿悦坚赞之后，由其子喇钦·贡噶坚赞（bla chen kun dgav rgyal mtshan，?—1420）掌管仁钦岗拉章。此后，仁钦岗拉章的喇钦·贡噶坚赞娶了涅莫古尚的女儿玛久南喀杰莫为妻，她生了南喀坚赞大师兄弟二人，他们住在夏布、格顶等地。她还生了一个女儿。喇钦·贡噶坚赞之后，由其子南喀坚赞（nam mkhav rgyal mtshan，1398—1472）掌管仁钦岗拉章。之后，由南喀坚赞之子喜饶坚赞（shes rab rgyal mtshan，1444—1495）掌管仁钦岗拉章。大约在 16 世纪初期，仁钦岗拉章的法位传承中断。

迪却拉章（dus mchod bla brang）是萨迦四大拉章中的嫡系拉章，也是唯一没有中断传承的拉章。迪却拉章始于贡噶勒贝迥奈坚赞贝桑布（kun dgav legs pavi vbyung gnas rgyal mtshan dpal bzang po，1308—1336），迪却拉章的住持以父子世袭的方式传承。贡噶勒贝迥奈坚赞贝桑布的长子索南洛智坚赞贝桑布（bsod nams blo gros rgyal mtshan dpal bzang po，1332—1362），在元朝顺帝时被立为帝师；幼子为札巴坚赞贝桑布（grags pa rgyal mtshan dpal bzang po，1336—1376），在元朝顺帝时被封为白兰王，赐以金印，并颁授统领藏区三个却喀的诏书。札巴坚赞贝桑布的儿子南色坚赞贝桑布（rnam sras rgyal mtshan dpal bzang po，1360—1408）即摄帝师南迦巴藏卜，其长子为贡噶勒贝洛智（追）坚赞（kun dgav legs pavi blo gros rgyal mtshan），次子为南喀勒贝洛智（追）坚赞贝桑布（nam mkhav legs pavi blo gros rgyal mtshan dpal bzang po，1399—1444）。大约在 19 世纪，迪却拉章又分为二房，即彭措颇章（phun sthogs pho brang）和卓玛颇章（sgrol ma pho brang），由二房长子轮流担任萨迦寺住持法位。

总之，萨迦四大拉章各有自己的座主，一般以父子相承，各个拉章各自繁衍，子孙相继。萨迦四大拉章的权势和地位相对平等，故相互之间形成竞争，拉帮结派、扩大势力和聚敛财富，致使内部不和，政局动荡，从而拉开了萨迦四大拉章的兴衰历史。

萨迦派历来学僧大德辈出，宗派内部形成诸多学派，既有显宗与密宗两大学派，又有多个密法传承。显宗方面，由雅楚·桑杰拜（gayg phrug sangs rje dpal，1350—1414）开创专门修学显宗义理之教规，其弟子荣敦·玛威僧格（rong ston smra bavi seng ge，1367—1449）成为其发扬光大者。1435 年，荣敦·玛威僧格在前藏彭波（vphan po）地方创建那烂陀寺（na len dra，位于今拉萨市林周县），建立系统研习显宗教理之教学机制，向僧众传授《释量论》《现观庄严论》《中观》《俱舍论》《三律仪论》等经论。那烂陀寺常住僧众维持在 700—1000 人之间，其中学有所成的高僧陆续在各地建寺传法，因而那烂陀寺拥有许多一脉相承的子寺，在藏传佛教界具有一定的影响力。

密宗方面，形成鄂尔（ngor lugs）、宗巴（rdzong lugs）和察尔（tshar lugs）三大法脉传承。其中，鄂尔系（ngor lugs）传承，由鄂·贡嘎桑布

（ngor kun dgav bzang po，1382—1456）建立。1429 年，鄂·贡嘎桑布在后藏日喀则的鄂尔（ngor）地方创建爱旺寺（Ae lwang chos ldan，位于今西藏日喀则康马县），专门传授萨迦派密法，建立了鄂尔系密法传承。后世鄂尔系密法成为传播范围最广的萨迦派密法传承。在清代，以日喀则爱旺寺、德格贡钦寺（dgon chen）为代表。

宗巴系（rdzong lugs），又有前宗巴系和后宗巴系之分。其法脉源于丹巴·索南坚赞（bstan pa bsod nams rgyal mtshan，1312—1375）高僧，后由宗巴·贡噶坚赞（rdzong pa kun dgav rgyal mtshan，1382—1446年）高僧继承并极力推广，遂形成前宗巴系（rdzong ba snga rabs，或称沫舍系，mus srad pa）；此外，土敦·贡嘎南杰（thu ston kun dgav rnam rgyal，1432—1496）于 1464 年在前藏创建贡嘎多杰丹寺（gong dkar rdo rje gdan，意为金刚座寺，位于今西藏山南贡嘎县），以此作为传教中

❀ 位于四川省甘孜藏族自治州的萨迦派寺院贡钦寺

心讲授宗巴系传承密法，并有所创新和发展，史称"后宗巴系"（rdzong ba phyi rabs），又称"贡嘎系"（gong dkav ba）密法传承。

察尔系（tshar lugs），为萨迦派嫡系密法传承，并有耳传密法之称。由察钦法王•洛色嘉措（blo gsal rgya mtsho，1501—1561）建立，虽在教内外享有权威性，但其传播范围不及鄂尔系广泛。清代以西藏日喀则的萨迦寺及其周边下属子寺为代表。

萨迦派在历史上对于学习梵文十分重视，并开展同印度学者之间的学术交流，萨迦班智达•贡嘎坚赞曾用梵语与印度 6 名学者进行激烈的大辩论，最终获胜并享誉全藏区，从此掀起学习梵文的热潮。近代以来，萨迦派传入尼泊尔、印度等国，建立了不少萨迦派寺院。

四、噶举派

噶举派（bkav brgyud pa），藏传佛教重要宗派之一。"噶举"一词是藏语"bkav brgyud"二字的音译，其中"bkav"（噶）字的本意是指佛语，而"brgyud"（举）字则意为传承，故"噶举"一词可解释为口传相承之佛法。噶举派注重对密法的实际修炼，而对密法的修习又必须通过口耳相传的方式进行，故该宗派得以命名为"噶举"。此外，由于噶举派僧人的僧裙中曾加有白色条纹，故俗称"白教"。

噶举派形成于藏传佛教后弘期，由玛尔巴译师开创，经米拉日巴瑜伽师的继承，到达布拉杰大师时才正式建立并形成名副其实的宗派。噶举派的教法传承有两大系统：一是从玛尔巴并经米拉日巴传承下来的达布噶举派系；二是由琼波南觉开创的香巴噶举派系。后来香巴噶举派渐渐衰微，而达布噶举派则兴旺发达，其中又分出四大支、八小支等众多支系派别。

香巴噶举派的创立者为琼波南觉，他生于 1085 年，从 10 岁开始学习藏文和梵文；13岁时在一位苯教大师前学习，后又改修宁玛派的大圆满法。当有了一定的语言基础和宗教知识后，琼波南觉就携带不少黄金去尼泊尔进修梵文，同时学习密法。后又数次赴印度依从弥勒巴等著名大师，并求得当时在印度流行的许多密宗法门。最后学成返回西藏后，琼波南觉在噶当派高僧朗日唐巴 (1054—1123) 前正式出家受比丘戒。之后，琼波南觉先在西藏前藏的潘域地方（拉萨以北）建立寺庙，后又到后藏的香地方去传授自己掌握的教法，并在三年内建立了许多寺院。因此，香地方成为琼波南觉传法的基地，而且他所传授的教法在这一地区形成一定的宗派势力，故称为香巴噶举派。琼波南觉曾七次赴印度求法，他所传授的教法不是在玛尔巴大师那里学到的，而是从印度直接求得的。该派具有相对的独立性，但在教法内容及其实践仪轨方面与玛尔巴等大师传承下来的正统噶举派极为相近。

❀ 色热龙寺内供奉的噶举派祖师像，该寺位于阿里地区玛旁雍错湖畔。

15 世纪以建筑铁索桥而
闻名的唐东杰布大师 (1385—
1464)，被藏学界认定为香巴
噶举派高僧。相传，唐东杰布
在西藏以组织并演唱藏戏作
为集资的重要手段，在西藏共
建造 100 多座铁索桥。因此，
唐东杰布受到藏族人民的无
比敬仰，许多寺院都供有唐东
杰布的塑像和唐卡像。据记
载，格鲁派的创始人宗喀巴大
师及其大门徒（即后来被认定
为第一世班禅的克珠杰）等著
名高僧都曾向香巴噶举派僧

❀ 桑耶寺内的唐东杰布塑像

人求教学法。由此可见，香巴噶举派曾在藏传佛教史上发挥过重要作用。
约在 15 世纪至 16 世纪，香巴噶举派在藏族地区逐渐销声匿迹，从而
结束了这一支派的短暂历史。

香巴噶举派衰微之后，达布拉杰创立的达布噶举派，成为传承噶
举派教法仪轨的主流宗派。达布噶举派的创始人达布拉杰（dags po lha
rje，1079—1153）出生于西藏前藏南部涅地方，5 岁时随父亲识字读书，
7 岁开始学医，在印度名医吉麦座前学习以脏腑病症治疗为主的医法，
在藏巴拉杰乌斯处学习《医学八支论》等医典注释，从尼泊尔医生普吉
处学习诊脉等临床知识，从汉地宋辽名医多人学医数年，最终成为一
名藏族名医。后自己的家人不幸遭遇传染疾病袭击，家破人亡。达布
拉杰由此看破红尘，于 26 岁时放弃医生职业，出家受戒，成为一名僧

❀ 噶举派知名修行者米拉日巴塑像

人，初在来自玛域的堪布罗丹等高僧座前修学胜乐金刚密法以及毗奈耶（律藏）等佛法，后赴彭域地方师从嘉宇瓦等大师，系统研习阿底峡的法脉传承，即噶当派教法，在佛教显宗理论上取得很高造诣。达布拉杰深感坐禅修炼的重要性，他依靠父母的资助在萨尔卡寺附近建造了一座简易小禅房，开始闭关修行。据说他在闭关修行时入定可达 13 天之久，以此根除贪欲憎怨等烦恼业障。他在修炼时所需睡眠很少，即使在睡眠做梦时，也能领受到《金光明经》中所载十地菩萨的瑞光。他甚至在坐禅时连续 5 天不进任何食物，一直靠这种硬性的修炼方式感悟密法要义。

达布拉杰 31 岁时耳闻米拉日巴的德誉，便对其产生敬仰之心，遂前往拜会。他献上黄金，作为学法的报酬，而米拉日巴断然拒绝受礼，并以吟唱道歌的形式来款待远道而来的达布拉杰，遂将自己掌握的全部教法秘诀传授给他。最初米拉日巴向达布拉杰授以金刚亥母灌顶，得到证验后，他又向达布拉杰传授拙火定法。由于达布拉杰具有深厚的密宗修炼功底，仅用 13 个月的时间，就完全领会、接受和证悟米拉日巴传授的所有深奥密法。之后，遵照米拉日巴的教诲和安排，遍访西藏各地的深山峡谷，寻得静修处专门修炼，不与常人来往。达布拉杰功成名就后，开始传教布道，于1121年在达拉冈波地方（今西藏达波地区的雅鲁藏布江北岸）创建了一座寺院，取名冈波寺，以此为据点招收众多弟子，传授自己掌握和感悟的教法，遂创立了达布噶举派。达布拉杰除了创建寺院、建立宗派、培养弟子、弘扬佛法和利乐众生之外，还整合噶当派的道次第法和米拉日巴的大手印法而构建了新的自成体系的教法，以《大乘道次第·解脱庄严论》为代表。因而达布拉杰在藏传佛教史上享有很高的知名度，他在冈波寺传法长达30年之久，门下培养了众多高僧大德。其中四大著名弟子在前后藏等地建寺传法，形成相对独立的达布噶举派四大支系，即噶玛噶举派、蔡巴噶举派、拔绒噶举派和帕主噶举派。

1、噶玛噶举派

噶玛噶举派（karma bkav brgyud），噶举派四大支系之一，创始人是达布拉杰的著名弟子都松钦巴（dus gsum mkhyen pa，1110—1193），

噶玛噶举派创始人
都松钦巴像

他出生于多康哲雪岗吉热哇地方，族姓喇东噶波氏，父亲以密宗瑜伽士身份自居，名贡巴·多杰贡布。都松钦巴自 11 岁就跟随父亲学习佛教祷告词和简单密法修持；16 岁在却果噶寺的堪布乔拉·恰森格札座前受沙弥戒，取法名却杰札巴；19 岁赴前藏地区求法，先在堆垄·嘉玛瓦和恰巴·却吉僧格等高僧处系统学习《慈氏五论》《中观》《因明》等佛学基础理论；后在夏热巴等高僧处，专门修学《道次第法》等噶当派教法，同时在堪布麦都僧座前受比丘戒，温习戒律经论；30 岁时前往达布地区，拜见敬仰已久的达布拉杰高僧，在其座前修学佛法，并在 3 年之内通晓了达布噶举派的密法要义，特别在闭关实修中获得了最佳密宗境界。之后，他返回故乡，1157 年在昌都类乌齐附近的噶玛地方创建噶玛拉顶寺，又称噶玛丹萨寺。他以该寺作为传教中心，大张旗鼓地宣讲达布噶举派的教法义理和自己的佛学观见，并创建有别于达布噶举派的教法仪轨，形成了一支新的宗派，以寺名称呼之，即"噶玛噶举派"。

都松钦巴在当地社会有很高的威望，曾多次调解民间重大纠纷。同时，在故乡多康地区拥有上千名徒弟，具有一定的宗教组织基础。特别是他将大量财物捐献给远在西藏中部的冈波寺等不少寺院，在前后藏地区产生较大影响。他在晚年又回到前藏地区，1189 年在拉萨附近的堆龙德庆地方创建楚布寺。在噶玛噶举派历史上有下部噶玛拉顶寺和上部楚布寺两座祖寺，后来楚布寺得到扩建和发展，成为噶玛噶举派的主寺。

都松钦巴圆满完成建立新兴宗派的使命。他在临终时表示要在人世间再次转世，让嗣法弟子到时寻访认定他的转世灵童，从而在藏传佛教乃至整个佛教史上开了"活佛转世"之先河。噶玛噶举派"黑帽系"活佛世系始于都松钦巴大师；后人追认都松钦巴为第一世噶玛巴。

❖ 噶玛噶举派主寺楚布寺

从此黑帽系活佛具有双重身份，既是噶玛噶举派的教主，又是噶玛噶举派活佛系统中的嫡系传承。

　　"虽然传说都松钦巴曾戴黑帽，后遂称为黑帽派，但实际上是在噶玛拔希时才受元帝赐予官职的黑帽，从此以后，历代转世大德始有黑帽系之称呼。"[31] 实际上，戴黑僧帽的教规是在第二世噶玛巴活佛时方开始形成。1253 年，忽必烈在南征云南大理途中，看到噶玛噶举派在藏族地区日益兴隆的形势，遂召请第二世噶玛巴·噶玛拔希（karma pakshi，1204—1283）赴绒域色都（今四川嘉绒藏族地区）相见。噶玛拔希于 1254 年会见了忽必烈，并为忽必烈及其左右侍从传授发心（发

[31]　土观·洛桑却吉尼玛：《土观宗派源流》，刘立千译，第 64 页。

❖

噶玛噶举派黑帽系
活佛噶玛拔希

菩提心）仪轨，使他们皈依藏传佛教。忽必烈要求噶玛拔希长期随侍他，但被噶玛拔希婉言谢绝。借此机会，噶玛拔希游方蒙古北方各地传教说法，当他返回西藏时，接到蒙古大汗蒙哥的诏书，遂又去蒙古和林会见蒙哥。蒙哥赐予噶玛拔希金印、白银，同时特地赠送一顶金边黑帽，从此这顶黑帽成为这一活佛世系的标志，世代相传。教内认为这顶黑帽戴在每一代噶玛巴活佛头上，象征他们对真如实性之证悟。噶玛噶举派黑帽系活佛现已转世至第十七世。

噶玛噶举派继黑帽系活佛世系又建立红帽系活佛世系。该派高僧多丹札巴僧格（rtogs ldan grags pa seng ge，1283—1349）于藏历第六饶迥水鸡年，即元惠宗元统元年（1333）新建一寺，名奈囊寺（gnas nang dgon），收徒传法，声望日隆，并获得元朝王室册封之"灌顶国师"称号和赠送的一顶红色僧帽；他圆寂后，嗣法弟子寻访认定转世灵童，遂形成噶玛巴红帽系活佛世系，追认多丹札巴僧格为第一世红帽系活佛。然而，红帽系活佛转世至第十世活佛曲朱嘉措（chos grub rgya mtsho，1733—1791）时，因其涉嫌招引廓尔喀人入侵后藏，被清朝勒令禁止转世，从此红帽系活佛世系断绝。

2、蔡巴噶举派

蔡巴噶举派（tshal pa bkav brgyud），噶举派四大支系之一，创始人是达布拉杰再传大弟子香蔡巴・尊珠札（zhang tshal pa brtson vgrus grags，1123—1194），出生于西藏拉萨吉雪（skyi shod，今蔡巴主村），原名达玛（dar ma），父亲是一位专修密宗的居士，从小受到父亲的耳濡目染，对宗教有一定的感悟；从 9 岁开始修学显密经论，后又游历多康等地；26 岁受比丘戒，取法名为尊珠札。1153 年，他得到一次会面达布拉杰侄子兼弟子冈波巴・慈臣宁布（sgam po ba tshul khrims snying po）的机会，借此拜其为师，专心修学大手印等达布噶举派密法；1175 年，得到吐蕃贵族后裔噶尔（噶尔・嘉威炯奈）家族的支持，在拉萨附近的蔡公堂地方创建蔡巴寺（tshal pa dgon），在此招徒传教，遂形成蔡巴噶举派；1187 年，又在蔡巴寺附近建造蔡公堂寺（tshal gung thang dgon），与蔡巴寺共同成为蔡巴噶举派的主寺。1268 年，时任蔡巴寺住持的桑杰欧珠（sangs rgyas dngos grub）被元朝封为蔡巴万户长，蔡巴噶举派遂成为前藏一带政教合一的重要宗派之一。后来格鲁派兴起，蔡巴寺和蔡公堂寺改宗格鲁派，蔡巴噶举派遂融入格鲁派。

3、拔绒噶举派

拔绒噶举派（vbav rom bkav brgyud），噶举派四大支系之一。由达布拉杰的大弟子达玛旺久（dar ma dbang phyug，约 12 世纪中叶人）创立。他在后藏（日喀则）昂仁地区建造了一座寺院，命名拔绒寺（vbav rom dgon）。达玛旺久就以该寺为传教中心，广收门徒，主要传授密宗大手印法和显宗大手印法，遂自成一系，取名为拔绒噶举派。达玛旺久去世后，拔绒寺住持出其家族成员世系相承，结果拔绒噶举派随着该家族内部的纷争瓦解而渐归衰绝。在今青海玉树州，尚有几座寺院传承拔绒噶举派的教法仪轨。

4、帕主噶举派

帕主噶举派（phag gru bkav brgyud），噶举派四大支系之一，其创始人是达布拉杰的四大弟子之一的帕莫主巴（phag mo grub pa，1110—1170），出生于藏区多康南部的智垅美雪地方，9 岁出家，取法名多杰嘉布，少年时代在家乡拜师学经；19 岁时有机会侍从一位富商进藏游学，不拘一格，广泛修学宁玛派、噶当派、萨迦派等不同宗派的教法。25 岁受比丘戒，42 岁拜达布拉杰为师，在冈波寺居留 3 年，专门修学达布噶举派教法，心生证悟，成为达布拉杰的著名弟子。之后返回故乡康区，广收门徒，传授以达布拉杰所传密法为主的教法，讲法独具风格，名声大振。不久，他放弃家乡传教，又返回前藏帕莫主地方潜心修行。1158 年，他在帕莫主地方创建一座小寺，后称丹萨提寺，闻声前来求法者与日俱增，遂形成一支独立自主的派系，以地名命名，称"帕主噶举派"，他本人也被冠以"帕莫主巴"尊号。帕莫主巴在丹萨提寺传教达 13 年之久，以自奉俭朴、戒行谨严、学识渊博等德行而名扬四方，身边求法学僧达 800 人之多。后世的帕主噶举派与朗氏家族相结合，政教都得以兴隆发达，至元末期建立了政教合一的帕主第悉政权，成为萨迦派之后又一个掌控西藏地方政权的宗派。

帕主噶举派又是噶举派四大支系中社会影响深远的一支宗派，在其内部衍生了相对独立的八个分支宗派，遍布整个藏族地区。

① 智贡噶举派

智贡噶举派（vbri gung bkav brgyud），噶举派八小支系之一。由帕莫主巴大弟子仁钦贝（rin chen dpal），又名觉巴·久丹贡布（skyob pa vjig rten mgon po，1143—1217）创立。仁钦贝出生于西康丹玛地区（今四川甘孜藏族自治州邓柯县），后来前往智贡地方，主持一座小寺庙。1179 年，仁钦贝大兴土木，扩建小庙，并取名智贡提寺（vbri gung mthil）。仁钦贝在该寺开展了既严持佛法戒律、戒酒忌荤，又讲授独具特色的显密教法的宗教活动，很快智贡提寺成为一座拥有众多弟子的大僧院，遂形成一支新兴宗派，名智贡噶举派。

近代以来，智贡噶举派主要传入克什米尔（Kashmir）等地，建立智贡噶举派寺院，在信教群众中具有一定的宗教影响。

② 达隆噶举派

达隆噶举派（stag lung bkav brgyud），噶举派八小支系之一。由帕莫主巴大弟子达隆塘巴·札西贝 (stag lung thang pa bkra shes dpal，1142—1210) 创立。他曾师从帕莫主巴修习帕主噶举派教法，1180 年在达隆地方创建一座寺院，取名达隆寺（stag lung dgon）。在此招收学僧，传授佛法，整肃教戒，僧众剧增，遂形成达隆噶举派。后来达隆塘巴·札西贝的再传弟子桑杰威（sangs rgyas vod,1251—1294）赴西康传法，在类乌齐地方创建类乌齐寺 (ri bo che dgon)。达隆噶举派产生上下两大主寺，其中达隆寺为上部主寺，称"雅塘寺"（yar thang dgon），类乌齐寺为下部主寺，称"玛塘寺"（mar thang dgon）。两座寺院历史上曾有僧人多达三四千。

③ 周巴噶举派

周巴噶举派（vbrug pa bkav brgyud），噶举派八小支系之一。其创始人是帕莫主巴的大弟子林热·班玛多杰（gling ras pad ma rdo rje，1128—1188）。他出生在西藏的娘堆地方，小时候学医；17 岁出家步入佛门，系统学习显密教法，后来以精通咒术著名；38 岁赴丹萨替寺拜帕莫主巴为师，专门修习密法。之后，他周游藏族地区，为当地豪门显达讲经说法，晚年在那浦寺收徒传授亲自修证体验的密法，为建立周巴噶举派打下了教理基础。

林热·班玛多杰的嗣法弟子藏巴嘉热耶协多杰（gtsang pa rgya ras ye shes rdo rje，1161—1211）在拉萨附近建造了隆多寺（klong rdol dgon），在热隆地方建造了热隆寺（ra lung dgon），又在拉萨西南的曲水地方建造了被称为"周寺"（vbrug dgon）的寺院，至此周巴噶举派正式形成。该派初期以周寺为主寺，后又以热隆寺为其主寺，并以热隆寺为中心传承，被称为中周巴学派。

1241 年，藏巴嘉热的弟子洛热巴·旺秋尊珠（lo ras pa dbang phyug brtson vgrus，1187—1250）创建噶波却隆寺（dkar po chos lung dgon），并以此寺为主要传教中心，培养大批门徒，在各地建寺传法，建立了上周巴学派；约在 1226 年，藏巴嘉热的另一大弟子郭仓巴·贡布多杰（rgod tshang ba mgon po rdo rje，1189—1258）在协噶地方建造郭仓寺（rgod tshang dgon），收徒传法，遂形成下周巴学派。周巴噶举派主要流传于不丹王国，寺院林立，信徒众多。

④ 雅桑噶举派

雅桑噶举派（gyav bzang bkav brgyud），噶举派八小支系之一。其创始于格丹·益西僧格 (skal ldan ye shes seng ge，?—1207)，正式创宗于却莫朗（chos smon lam，1169—1233）时期。格丹·益西僧格是帕莫主巴的大弟子之一，学成后创建索热寺（so ras dgon），收徒传法，其中却莫朗继承法嗣，于 1206 年在山南雅桑地方创建雅桑寺（gyav bzang dgon），遂建立宗派，命名雅桑噶举派，并与当地世俗势力联合。元朝授予其雅桑万户封号。

⑤ 绰浦噶举派

绰浦噶举派（khro phu bkav brgyud），噶举派八小支系之一。由仁布切杰查（rin po che rgyal tsha，1118—1195）和贡丹热巴（kon ldan ras pa，1148—1217）兄弟创立。他俩均为帕莫主巴的弟子，学成后返回家乡，建寺传法，遂形成一支宗派。至 14 世纪中叶趋于衰落。

⑥ 秀赛噶举派

秀赛噶举派（shug gseb bkav brgyud），噶举派八小支系之一。由帕莫主巴的弟子杰贡·慈臣僧格（tshul khrims seng ge，1144—1204）创立。他于 1152 年师从帕莫主巴学法；1181 年在涅浦地方创建秀赛寺，遂形成宗派，得名秀赛噶举派，后来逐渐衰落消失。

⑦ 耶巴噶举派

耶巴噶举派（yel pa bkav brgyud），噶举派八小支系之一。由帕莫主巴的弟子益西孜巴创立。益西孜巴创建耶浦寺，并收徒传法，遂形成一支小宗派，命名耶巴噶举派。益西孜巴的嗣法弟子在今青海省玉树囊谦县建立达那寺，其法脉传承延续至今。

⑧ 玛仓噶举派

玛仓噶举派（smar tshang bkav brgyud），噶举派八小支系之一。由帕莫主巴的弟子喜饶益西（shes rab ye shes）创立。喜饶益西出生于西康的玛雪地方，生卒年不详，曾赴西藏求法，后返回故乡创建雪寺，住寺僧众达 2000 人。后又建夏央寺，培养了许多高僧，由此形成一支宗派，名玛仓噶举派，又称玛巴噶举派。

五、觉囊派

觉囊派（jo nang pa），藏传佛教主要宗派之一。其法脉源于后藏人裕摩·弥觉多杰（yu mo mi bskyod rdo rje，11 世纪人）。此人首创藏传佛教中观"他空见"（gzhan stong）学说，其后传扬者络绎不绝，遂形成一个学派；传至第六传弟子贡邦·突杰尊哲（Kun Spangs Thugs Rje Brtson Vgrus，1243—1313）时，其学派发展成为拥有寺院实体的一支宗派，名"觉囊派"。之后，嗣法者相继有强桑·嘉瓦益西（byang sems rgyal ba ye shes，1257—1320）、凯尊·云丹嘉措（Mkhas Btsun Yon Tan Rgya Mtsho，1260—1327）、多朴巴·喜饶坚赞（Dol Po Ba Shes Rab Rgyal Mtshan，1292—1361）、洛咱瓦·罗哲拜（lo tsa ba blo gros dpal，1299—1353）、乔勒南杰（phyogs las rnam rgyal，1306—1386）、聂温·贡嘎拜（nya dbon kun dgav dpal，1345—1439）、贡噶卓乔（kun dgav grol mchog，1507—1569）和多罗那他（da ra na tha，1575—1634）等著名人物。

多罗那他精通梵文，且同进藏的印度僧人交往频繁，他根据他们的口述资料撰写了《印度佛教史》（rgya gar chos vbyung），这部著作后来成为研究印度佛教历史的重要资料，在中印文化交流史上产生了广泛影响，已有汉文和英文等多个语种的译本。多罗那他于 1615 年创建达旦丹却林寺（rtag brtan dam chos gling，位于今西藏日喀则拉孜县），他从尼泊尔请来 20 名工匠进行雕塑、绘画，因而该寺的佛像、壁画等具有浓郁的尼泊尔或印度佛教艺术气息。

多罗那他之后，觉囊派由盛转衰，至清初觉囊派在前后藏地区已销声匿迹。然而，觉囊派高僧在多康局部地区（今四川与青海部分藏区）建寺弘法，使觉囊派的法脉传承终究没有断裂，相沿至今。

1425 年，仲·热纳室利（drung rrna shri，1350—1435），又名噶西

巴·仁钦拜（dkav bzhi pa rin chen dpal），遵照上师乔勒南杰的重托，转到多康壤塘地方（vdzam thang，今四川省阿坝州壤塘县）创建吉祥壤塘寺（dpal vdzam thang chos sde），传扬觉囊派的教法仪轨。后由其嗣法弟子却杰·嘉瓦桑布（chos rje rgyal ba bzang po，1419—1482）、策居·热纳格德（tshes bcu rrna kwirti）和阿盖·尼玛维塞（Aa rge nyi ma vod zer）等人不断扩建寺宇，逐步形成却杰寺（chos rgyal dgon，又

✦ 位于四川省阿坝藏族羌族自治州的觉囊派佛塔

称壤塘寺）、策居寺（tshe bcu dgon，1456 年建立）和藏哇寺（gtsang ba dgon，1730 年建立）三寺鼎立的寺院格局，并产生却杰（chos rje）、策居（tshes bcu）和藏瓦（gtsang pa）等活佛转世系统。

其中藏哇寺发展成为觉囊派直系法脉传承的中心寺院，其宗派影响不断扩大，在四川阿坝州和青海果洛藏族自治州等周边地区产生许多下属支系寺院。至清代末期，觉囊派寺院已达 30 多座，主要分布在多康局部地区。

六、格鲁派

格鲁派（dge lugs pa），又名新噶当派（bkav gdams pa gsar ma），在汉语中俗称黄教，是藏传佛教主要宗派之一，由宗喀巴大师（tsong kha pa，1357—1419）创立。宗喀巴是尊号，名洛桑扎巴（blo bzang grags

格鲁派创始人宗喀巴塑像

pa），他是藏传佛教史上最负盛名的佛学家、哲学家、思想家、教育家和宗教改革家，出生于安多宗喀地方（Aa mdo tsong kha，今青海省湟水流域）。自青少年起，宗喀巴广拜高僧良师，博通佛学显密义理；30岁开始著书立说，相继撰写《善说金鬘》（legs bshad gser gyi phreng ba，1389 年成书）、《菩提道次第广论》（byang chub lam rim chen mo，1402年成书）、《密宗道次第广论》（sngags rim chen mo，1406 年成书）和《中观广释》（dbu ma vgrel chen，1408 年成书）等传世之作，构建起显密相融之佛学体系，确立了中观应成派之思想权威。

藏历第七饶迥土牛年，即明永乐七年（1409），宗喀巴得到西藏地方帕竹政权阐化王·札巴坚赞（grags pa rgyal mtshan，1374—1440）的支持和资助，在西藏拉萨大昭寺首创祈愿大法会，在广大僧俗信徒中赢得巨大的个人声誉，随之其宗教威望和社会地位迅速提升。是年，宗喀巴在卓日沃齐山（vbrog ri bo che）创建甘丹尊胜洲（dgav ldan rnam

par rgyal bavi vgling）道场（在今西藏拉萨市达孜县），即甘丹寺（dgav
ldan dgon pa）。宗喀巴以甘丹寺为基地，整顿藏传佛教秩序，改革藏传
佛教弊端，倡导出家僧人严守佛教戒律，以头戴黄色僧帽作为严守佛
教戒律之标志，后来格鲁派弟子都戴黄色僧帽；出家僧人必须住寺过
纯粹宗教生活，严禁僧人娶妻生子、参与世俗社会；构建完善的寺院
教育机制，出家僧人恪守佛教戒律的同时，遵循佛教显密宗的修学次第，
先研习显宗教理，后修学密宗实践；以噶当派教义为立宗之本，中观
应成派为本宗之学说观见，并综合各派思想之长，亲自修行实践为证验。
这一新的佛学体系逐渐成为藏传佛教诸宗派中名副其实的主流宗派。

　　1416年，宗喀巴大师命他的弟子降央却杰（vjam dbyangs chos
rgyal，1379—1449）在拉萨西郊修建哲蚌寺（vbras spungs dgon pa）；

❖ 格鲁派僧人仪仗队

1418 年，宗喀巴的弟子强钦却杰（byams chen chos rgyal，1352—1435，又名释迦益西）在拉萨北郊修建色拉寺（se ra theg chen gling）。拉萨三大寺的建立奠定了格鲁派坚实的宗派基础。

继拉萨三大寺之后，宗喀巴的弟子根敦珠巴（dge vdun grub pa，1391—1474）于 1447 年在后藏日喀则（gzhis ka rtse）创建扎什伦布寺（bkra shes lhun po）。不久，堆西饶桑布（stod shes rab bzang po）在西部阿里（mngav ris）创建达摩寺（stag movi chos sde），麦喜饶桑布（smad shes rab bzang po）在康区创建昌都寺（chab mdo dgon），至此格鲁派在整个藏族地区建立了比较稳定的寺院组织机构。格鲁派后来者居上，至 16 世纪初在整个藏区初具规模，其发展之迅猛，在藏传佛教诸多宗派发展史上从未有过。

❀ 大法会上的哲蚌寺"翁则"（佛经领诵师）

❖
哲蚌寺大经堂

❖
昌都寺的讲经活动

　　至17世纪，格鲁派进入鼎盛时期，成为藏传佛教中势力最强大、影响最深远的一大宗派，拉萨的三大寺即甘丹寺、哲蚌寺和色拉寺，后藏的扎什伦布寺、湟中的塔尔寺、夏河的拉卜楞寺、昌都的强巴林寺等，以及达赖喇嘛、班禅额尔德尼、章嘉呼图克图和哲布尊丹巴四大活佛世系，均象征着格鲁派的权威和势力。格鲁派在中国藏族、蒙古族、土族、裕固族等少数民族地区的政治、经济、文化生活中有深远的影响。

七、息解派

息解派（zhi byed pa），藏传佛教宗派或学派之一，法脉源于帕丹巴桑杰。事实上，息解派是一个较小的密宗派系，主要以师徒相承或秘密传授传承，提倡宗教苦修，认为如法修行，可以领悟般若性空的奥义，从而断灭一切苦恼及其根源，停止生死流转。"息解"一词是藏语 "zhi byed" 的音译，意指"能寂""寂灭"或"能止息"等。

帕丹巴桑杰（pha damba sangs rje，?—1117），印度佛教高僧，密宗大成就者，原名苏热古帝（surya kirti），又名嘎玛拉释拉（kamalashrivla），是一位传奇性人物。他出生于南印度若僧诃所属的春贝岭，在印度亲近许多大师，包括金州大师，系统修学佛教显密宗教法仪轨。他一生过着游学苦修的生活，足迹遍及印度各地及邻邦异域，曾五次进藏传教，最后一次从西藏游历到内地五台山等地。

❖ 山南桑日卡玛寺内供奉的帕丹巴桑杰塑像

帕丹巴桑杰在三个时期向三批藏族门徒传授了息解派的三种教法。相传，帕丹巴桑杰在西藏培养了无数门徒，"其最著名的是息解初、中、后三传的弟子。初期传承弟子为迦湿弥罗阇那古诃耶，由翁波译师作翻译；中期传承，他当以教授付给玛·却吉谢饶、索琼·根顿拔、冈·益西坚赞三人而广为弘传；其后期传承，说丹巴到定日朗果寺，有最胜弟子丹巴卡钦、卡琼、毗遮罗卓达、贡噶四人，尤以丹巴贡噶为上首。"[32]

息解派在理论上提倡对般若性空的领悟，在实践上采取一系列苦修的方法。息解派的教法义理以《般若波罗蜜多》经为基础，并结合甚深瑜伽苦行修炼，以熄灭或消除所有烦恼痛苦为宗旨。

息解派的秘密教法与解脱生死轮回的方便法门，构成了息解派与众不同的教法特点。其修行过程十分艰苦，该派僧人大多在荒山老林、葬场墓地等人迹罕至的地方苦修。但是息解派的继承和发扬光大者大有人在。比如，"有吉乔桑登贝所建之耀却顶与葛莫却顶二寺。吉乔后有绛森巴及古汝贡匈继承法座。"[33]吉乔桑登贝及其弟子绛森巴和古汝贡匈三位大师大约生活在14世纪。由于息解派不仅重在宗教苦修，而且僧人大多脱离社会在旷野中过着简朴的修行生活。到了15世纪初，息解派逐渐衰微，后在藏族地区消失。虽然息解派作为一支独立的宗派已经不存在，作为一个学派，其部分学说及仪轨被其他藏传佛教宗派所吸收，至今仍在流传。

八、觉域派

觉域派（gcod yul pa），藏传佛教宗派之一。该派是藏传佛教宗派

---

[32]　土观·洛桑却吉尼玛：《土观宗派源流》，刘立千译，第87页。

[33]　同上书，第92-93页。

史上唯一由出家尼僧创立的宗派，其称谓具有深远意义。"觉域"一词是音译，其藏文"gcod"（"觉"字），意指"断"或"断灭"；"yul"（"域"字），意为"境"。因此，觉域这一名称意指，修持该宗派的教法仪轨能够断灭人世间所有苦恼的根源。觉域虽有两种写法，但其意思基本一致，就是以菩提心或慈悲心来断灭自利心，以般若性空来断除我执。

觉域派的法脉源于帕丹巴桑杰，创立者为玛久拉珍（ma gcig lab sgron，1049—1144），她出生于西藏山南措美村落，家境阔绰，从小受到良好教育。8 岁时，她在一天之内将《般若八千颂》诵读两遍，且能领会其要义。这种神速的诵读能力和对般若经义不同寻常的理解天赋，在本地引起较大反响。当玛久拉珍在学业上尤其在佛学知识上蒸蒸日上时，不幸的人间灾难降临在她身上，13 岁时母亲去世，16 岁时父亲去世，20 岁时姐姐去世。人世间的悲欢离合使玛久拉珍的心灵遭受沉重打击，可她不但没有丝毫放松对佛学的追求，反而更加坚定了自己的信念。

玛久拉珍 23 岁时，遇见西藏传教的印度班智达·陀拔巴札亚（pandita thodba bhadraya），并在这位大师座前进一步研习佛法。玛久拉珍与这位印度人结为夫妻，育有二男一女，长子陀聂桑智（thod smyon bsam vgrub）后来成为玛久拉珍的得意门徒，为觉域派的发展发挥了重要作用。玛久拉珍 34 岁时与家庭彻底脱离关系，又重新回到修学佛法的事业中。这段时期，玛久拉珍主要依止帕丹巴桑杰及其嗣法弟子研习息解派的教法义理。由于她天资聪颖，佛学功底深厚，很快掌握了该派的教理思想；与此同时，玛久拉珍游访寂静圣地，禅定修炼，又在密宗实践上取得成就，并形成自己独特的修炼方法。从此，玛久拉珍开始了广收门徒、传授自己佛教学说的传教生涯。

源自帕丹巴桑杰法脉的觉域派又分为两个支系，即男系觉域派和

❖ 玛久拉珍（唐卡）

女系觉域派。从玛久拉珍那里传承下来的被称为"女系觉域派"。玛久拉珍于 1080 年以桑日卡玛（zang ri khar dmar，今西藏山南桑日县）为修行道场，广收门徒，传授自己独辟蹊径的佛教学说和别具特色的修炼方法，随之开宗立派，建立了女系觉域派，培养了大批尼僧学者，她们在当时为提高藏传佛教尼僧的整体素质和社会地位发挥了巨大作用。玛久拉珍本人在佛学知识和密宗实践上取得了杰出成就，在青藏高原塑造了一个德才兼备的出家尼僧的光辉形象。后来许多藏族高僧对玛久拉珍在佛学领域的造诣给予了很高的评价，称其为伟大的佛母。

九、布鲁派

布鲁派（bu lugs），又名夏鲁学派（zha lu pa），为藏传佛教学派之一。

桑耶寺内的布顿·仁钦珠
塑像

由布顿·仁钦珠大师开创，以西藏后藏地区的夏鲁寺（zha lu dgon）为学派活动中心和修学研习基地，在藏传佛教界具有一定的佛学影响。

布顿·仁钦珠（bu ston rin chen grub，1290—1364）出生于后藏绰普辖地夏麦地方，从小拜师学习佛学知识，18 岁正式出家受沙弥戒，默记戒律经典；23 岁时受比丘戒，温习毗奈耶及修心方面的经论。之后，他在绰普寺讲授《现观庄严论》《律藏》《俱舍论》等大经。31 岁时应日喀则东南夏鲁地方领主古香·札巴坚赞的邀请，担任夏鲁寺住持。其间，他向夏鲁寺僧众以及来访学僧讲授佛教大论，赢得广大僧俗信众的赞誉。他在夏鲁寺大刀阔斧地发展寺院教育，建立显宗学院和密宗学院，系统教授佛教显密主要经论；他开辟的夏鲁日埔密宗修行道场乃藏传佛教后弘期较早产生的正规密宗修行场所，对后世藏传佛教密宗发展产生积极影响。与此同时，他在夏鲁寺建立独具特色的教法仪轨，如冬夏两季讲授《现观庄严论》《大乘阿毗达磨集论》《量抉择论》《毗奈耶根本经》等显宗教理，春秋两季教授《时轮》《密集》和《瑜伽续金刚生大疏》等密宗教理，从而形成独树一帜的布鲁学派。

布顿·仁钦珠是藏传佛教史上有着深远影响的一代高僧，不仅学富五车，而且德高望重，被冠以"第二佛陀"之盛名；他精通佛教显密教法，无论在显宗教理方面还是在密宗实践领域，均取得高深的造诣，故又被称为"遍知一切"大师。他不仅讲经说法，培养弟子，而且著书立说，著述等身。后由他的大弟子扎泽巴·仁钦朗杰搜集、整理和编纂了 28 部（函）的《布顿全集》，初以手抄本的形式问世流传。至 20 世纪初期，在拉萨印经院重新校勘出版了《布顿全集》木刻版，广为流

❖ 夏鲁寺僧人在诵经。

传，以《善逝教法源流宝藏》（简称《布顿佛教史》）为代表作，有多种译本问世。

由于夏鲁寺以及布鲁派过多地依赖布顿大师的威望，随着布顿大师的逝世，布鲁派也在藏族地区逐渐失去了它的独立性。夏鲁寺的建筑在藏传佛教寺院中别具一格，是一座汉藏建筑艺术相结合的寺院，拥有古老的壁画和丰富的文物古籍。夏鲁寺除了主殿大经堂外，还有八座佛殿，即银灵塔殿、南殿、北殿、无量寿殿、马头金刚殿、护法殿、坚贡殿和修行殿。该寺的常态佛事活动有：时轮金刚法会（每年举行三次），第一次在藏历七月十日至二十三日，第二次在藏历八月十日至二十三日，第三次在藏历九月份；胜乐金刚法会，在藏历十二月十四日至十五日举行；多闻天供奉法会，在藏历五月十日至二十三日举行。还有金刚界诸佛法会等各类法会，以及绘制坛城、跳法舞等众多宗教仪轨。

除了夏鲁寺外，在西藏尼木县有一座被称为那若寺的布鲁派寺院，可是规模很小。作为一支宗派，布鲁派已没有任何实际势力，但作为一种学派，不少僧俗还会时常谈论它。

藏传佛教寺院

历史上，由于西藏实行政教合一制度，上层僧侣集团直接参与西藏的政治、经济、文化等领域的管理，这完全超越了宗教应有的职能。1959 年，西藏实行民主改革，无论在思想文化领域还是在生产生活方面，广大藏族人民都得到了前所未有的解放。

目前，藏传佛教正处在一个健康发展的历史时期，无论在寺院组织、僧尼戒律，还是在开展宗教活动等方面均趋于成熟和稳定。根据

❀ 江孜白居寺始建于 1414 年，它融合萨迦、噶当、格鲁三教派建筑风格，别具一格。

最近资料统计，中国藏族主要居住地区，包括西藏、青海、四川、甘肃和云南，共有 2771 座藏传佛教寺院。

一、格鲁派寺院

从不同宗派的分布或势力来看，格鲁派乃是藏传佛教中分布最广、势力最强的一支，现有 1460 座寺院，占藏传佛教各宗派寺院总数的二分之一，遍及整个藏族地区，主要以七大寺院为代表，即位于西藏拉萨的甘丹寺、哲蚌寺和色拉寺，号称拉萨三大寺，它们历来是藏族信徒向往的朝佛圣地；位于西藏日喀则的扎什伦布寺，是历代班禅大师的驻锡寺，在藏族信徒的心目中具有崇高的地位；位于青海湟中县的塔尔寺，是宗喀巴大师的诞生地，在藏传佛教界享有盛名；位于甘肃

❀ 甘丹寺

夏河县的拉卜楞寺，是历代嘉木样活佛的驻锡寺，在甘、青、川藏区的广大信教群众中有着深远的影响；位于西藏昌都的强巴林寺，是历代帕巴拉活佛的驻锡寺，在该地区具有一定的影响力。

1、甘丹寺

甘丹寺，格鲁派的祖寺，拉萨三大寺之一，又是格鲁派六大寺院之一。它坐落在今拉萨市东北 30 多公里处的卓日沃切山腰，俨如一座山城。该寺没有设立活佛转世制，寺院住持以推举甘丹赤巴（法座）的方式来继任。首任甘丹赤巴是宗喀巴大师，第二任是宗喀巴的大弟子贾曹杰，至 1954 年甘丹赤巴已传到第九十六任。甘丹寺的僧侣人数在历史上的定额为 3300 名，排在哲蚌寺、色拉寺之后，但是甘丹寺作为格鲁派祖寺，在藏传佛教界享有崇高地位，尤其是甘丹赤巴在格鲁派中威信极高，地位仅次于达赖喇嘛和班禅额尔德尼。甘丹寺在"文革"

中被拆毁，1980 年国家拨款重新修复。目前，甘丹寺大经堂等建筑恢复如初，有 277 名住寺僧侣。

2、哲蚌寺

哲蚌寺，格鲁派六大寺院之一，为拉萨三大寺之首。它坐落在拉萨市西郊的格培乌孜山南坡的山坳里，寺院主要由噶丹颇章、大经堂以及罗赛林扎仓、德阳扎仓、郭芒扎仓、阿巴扎仓四大学院组成，在历史上是藏族地区规模最大、僧侣最多、级别最高的僧院，尤其是五世达赖喇嘛在哲蚌寺建立噶丹颇章政权后，哲蚌寺在政教事务上享有特权，在历史上其僧侣定额为 7700 名，最盛时多达 1 万余名。哲蚌寺最高僧职为措钦赤巴（大法台）。目前，哲蚌寺有 427 名住寺僧人。每

❖ 哲蚌寺的展佛仪式

年藏历六月三十日开始的拉萨雪顿节就在哲蚌寺举行。届时，成千上万的信教群众和观光旅游者涌入寺中，参与盛会，场面宏大而热烈。

3、色拉寺

色拉寺，拉萨三大寺之一，也是格鲁派六大寺院之一。它坐落在拉萨市北郊的色拉乌孜山脚下，主体建筑是大经堂，周围有杰巴扎仓、麦巴扎仓、阿巴扎仓等学院。其建筑群体宏伟壮观，寺内藏有经卷、唐卡、佛像等珍贵文物。在历史上其僧侣定额为 5500 名。目前，色拉寺有 327 名住寺僧侣，香火旺盛，朝拜的信徒和观光旅游者络绎不绝。

❀ 色拉寺的宗教乐器

❀ 扎什伦布寺的甲纳拉康佛堂

4、扎什伦布寺

扎什伦布寺，格鲁派六大寺院之一，位于今日喀则市西郊。由宗喀巴的弟子根敦珠巴于 1447 年创建。后来根敦珠巴被追认为第一世达赖喇嘛，而扎什伦布寺成为历代班禅额尔德尼的驻锡地，在藏族地区享有崇高地位。扎什伦布寺殿堂林立、规模恢宏，且拥有世界上最大的铜佛像，即弥勒大佛像；寺内还建有历代班禅额尔德尼的灵塔，供信徒膜拜。在历史上其僧侣定额为 4400 名。扎什伦布寺金碧辉煌、富丽堂皇，在日喀则乃至整个藏区都算得上是一座大型藏传佛教寺院，现有 786 名住寺僧人。

5、塔尔寺

塔尔寺，格鲁派六大寺院之一，位于今青海省湟中县城，距离西

位于青海省湟
中县的塔尔寺

位于甘肃省甘
南藏族自治州
的拉卜楞寺

宁市 26 公里。塔尔寺是当地佛教徒为了纪念宗喀巴大师而在他的出生
地建造的，在藏传佛教界特别在格鲁派中享有重要地位。塔尔寺从小
到大逐步发展，初为当地高僧仁钦宗哲坚赞于 1560 年建造的静修禅房，
1577 年又建造了一座弥勒殿，经后人的不断扩建而形成今天的规模。
整个寺院由大经堂、显宗学院、密宗学院、时轮学院和医学院四大学
院构成，最盛时住寺僧侣达 3600 人。寺内绘画、堆绣和酥油花享誉海
内外，被称为塔尔寺的"艺术三绝"。塔尔寺是一座融合藏汉建筑风格

的著名藏传佛教寺院，在国内外有一定的知名度。塔尔寺以历史悠久、殿藏丰富、交通方便等优势，成为青海省有名的宗教圣地和旅游胜地。该寺现有500多名住寺僧人，每天都在按照宗教仪轨举行各种宗教活动。

6、拉卜楞寺

拉卜楞寺，格鲁派六大寺院之一，也是甘肃省最大的藏传佛教寺院，由第一世嘉木样活佛阿旺宗哲于1710年创建，坐落在今甘南藏族自治州夏河县城西郊，依山傍水，环境十分优美。该寺规模宏大，主要由大经堂以及闻思学院、上续部学院、下续部学院、时轮学院、医药学院和喜金刚学院六大学院构成，建筑群雄伟壮观，历史上最盛时住寺僧侣达3600人。拉卜楞寺的最大优势在于学制健全、高僧辈出，在藏传佛教界享有很高的声誉。拉卜楞寺寺主是历代嘉木样活佛，现已传至第六世。目前，拉卜楞寺是安多藏族地区最大的藏传佛教寺院和宗教文化中心。

7、强巴林寺

强巴林寺（byams pa gling），藏传佛教格鲁派著名寺院，位于今西藏昌都。由麦·喜热桑布于1437年创建。初期阶段，寺内相继建立林堆扎仓（gling stod）、林麦扎仓（gling smad）、努林扎仓（nub gling）、库久扎仓（khu byug）和绛热扎仓（lcang ra）五大学院。清代中后期，该寺发展迅速，将原五大扎仓扩建为八大扎仓（学院），即密集扎仓、时轮扎仓、大威德扎仓、喜金刚扎仓、毗卢遮那扎仓、胜乐扎仓、大轮扎仓（vkhor chen）、无量寿扎仓，平时寺僧达3000多人，拥有属寺130多座，遍布昌都、类乌齐、左贡、察雅、丁青、八宿、江达和波密等地；并形成帕巴拉（vphags pa lha）、希瓦拉（zhi ba lha）、嘉热（lcags ra）、贡多（dkon rdor）和智塘加热（gru thang rgya ra）等大活佛转世系

❖ 位于昌都的强巴林寺

统。其中帕巴拉活佛为法定寺主，当他尚处幼年期时，由希瓦拉、嘉热和贡多三位世系活佛轮流代理掌管寺院事务。

二、宁玛派寺院

宁玛派作为藏传佛教诸多宗派中历史最为悠久的宗派，在藏族地区有着漫长的历史演变过程。除了众所周知的桑耶寺早在8世纪创建之外，在其他藏族地区也有不少历史久远的宁玛派寺院。比如，藏传佛教前弘期出现的藏族第一批出家僧侣中的毗茹札那大师，早在8世纪就到今四川阿坝藏族地区传教布道，在那里他一边翻译佛经、讲授教法、坐禅修定，一边招收徒弟、建立寺庙、弘传佛法。今日阿坝藏族地区宁玛派寺院的数量远远超过其他藏传佛教宗派的寺院数量。

吐蕃佛教在8世纪开始传入今云南迪庆藏族地区。目前，从数量上看，宁玛派寺院在迪庆藏族地区虽然位居第三，但在时间上却有自己的绝对优势，不少寺院的历史可以上溯到 8 世纪的吐蕃时期，其他宗派在年代上无法与其比拟。

9 世纪中叶，吐蕃佛教传入安多地区，即今青海省藏族地区，随之出现了藏传佛教寺院。841 年，吐蕃赞普朗达玛发动灭佛运动，三位藏族僧人（藏·饶赛、约·格琼、玛·释迦牟尼）携带不少佛教律藏经典逃至今青海省东部的藏族地区，并在今黄南藏族自治州的尖扎县以及海东的循化、化隆、互助、乐都、西宁等地传教，培养佛教门徒，并建立了一些寺庙作为宗教活动中心，如丹斗寺、白马寺等就是在这一时期建立的。目前，宁玛派寺院不仅遍及青海省的整个藏族地区，而且数量较多，仅次于格鲁派寺院。

1、噶托寺

噶托寺位于今四川省甘孜藏族自治州白玉县城以北约 20 公里处，是一座历史悠久的宁玛派寺院，是由宁玛派历史上号称"三素"中的卓浦巴大师再传弟子——嘎当巴·德协西巴 (1127—?) 于 12 世纪中叶主持创建。该寺最兴隆时占地约 1 平方公里，经堂 48 座、辩经堂 42 座、坐经堂 5 座、僧舍 513 套。有三座著名的佛殿，第一殿置有从印度运来、高 9.4 米的铜塔；第二殿供奉高 8 米的释迦佛铜像；第三殿为密宗殿。寺院还拥有印经房 11 间，当时里面保存藏、梵文经书达 900 余种。在教法传承方面，传授属于西藏敏珠林一派的"伏藏南传"教法仪轨，同时兼习宁玛派中远传经典派的教法体系，寺院住持以转世活佛的形式来接任相承。噶托寺是一座设施齐全、结构完备、规模较大的正规宁玛派寺院。噶托寺曾一直受到德格土司的支持和供养，在藏区享有较高的声誉，前往该寺朝拜的香客总是络绎不绝。目前，噶托寺依然焕发着昔日的辉煌，香火十分兴隆。

❖ 位于四川省甘孜藏族自治州的宁玛派寺院噶托寺

2、白玉寺

1675 年，一位名叫仁增贡桑喜饶的高僧在今四川省甘孜藏族自治州白玉县城附近创建了又一座宁玛派寺院，即白玉寺。该寺的最大特点在于它同藏传佛教帕主噶举的玛仓巴支系在教法仪轨上有一定的联系，故在佛教显密教法的传授以及修习等方面与宁玛派其他寺院有所差别。比如，白玉寺的寺主虽然也是以活佛转世的形式选定，但是历辈转世活佛（即噶玛洋赛活佛）都要前去噶玛噶举派寺院德格八蚌寺，在司徒活佛座前受戒。八蚌寺为德格土司的家庙之一，在德格土司的辖区有着特殊的地位。不难看出，在白玉寺内出现噶举派和宁玛派在教法仪轨方面相结合的现象，有其特殊的政治文化背景。白玉寺历来以宁玛派寺院自居，它有众多的宁玛派属寺。根据有关资料，白玉寺

❖ 位于四川省甘孜藏族自治州的宁玛派寺院白玉寺

在四川的阿坝和甘孜地区、西藏昌都的江达一带、青海的果洛等藏区拥有 100 多座属寺。

3、佐钦寺

1684 年，曾在五世达赖喇嘛阿旺罗桑嘉措（1617—1682）门下当过弟子的宁玛派高僧白玛仁增大师（1625—1697）前往康区传教，在康区又得到林葱和德格两大土司的鼎力支持，于 1685 年在德格东北不远处建立佐钦寺（又名竹庆寺），白玛仁增成为寺主，后被追认为佐钦寺第一代活佛，自此转世相承。后来，佐钦寺得到从中央到地方以及周边国家不同程度的支持，其发展规模、速度等皆超过噶托寺和白玉寺，成为西康地区最著名的宁玛派寺院。根据四川省档案馆馆藏档案，"清雍正九年 (1731 年) 果亲王来康时，特赠镀金佛像 100 余尊。第三代

❖ 位于四川省甘孜藏族自治州的宁玛派寺院佐钦寺

任宝卿系达赖姨表兄弟，得西藏资助创设讲经院。不丹国不仅派僧人前来学经，而且礼聘该寺大喇嘛担任国师。第五代任宝卿获不丹国的捐献，开办高级部讲经院，免费为深造者提供食宿。竹庆寺因有种种特殊援助，发展神速，成为四川藏区宁玛派之三大主寺之一"。[34] 在教学方面，参照格鲁派在系统学习佛教显宗理论方面所取得的成功经验，佐钦寺开设了必修的十三部显教经论课程，这十三部经论相当于格鲁派寺院里教授的五部大论，同时该寺僧人还需进修隆钦饶绛巴等宁玛派著名学者的论著。

---

[34] 冉光荣编著《中国藏传佛教寺院》，北京：中国藏学出版社，1994，第102页。

因此，佐钦寺逐渐发展成为西康地区乃至整个藏族地区系统学习宁玛派教法的中心寺院，成为一座深造佛教知识、研习藏族文化的学府。佐钦寺常住寺僧曾达五六百人，而且"它的声望似乎也超过了前藏的多杰札寺和敏珠林寺。各地宁玛派僧人也常到这个寺院求学，不丹和尼泊尔的宁玛派僧人也往往有来这里求学的"。[35] 可以说，佐钦寺不仅在中国藏族地区赢得很高声誉，而且在周边国家享有崇高的威望。佐钦寺仅在中国藏族聚居区就拥有 100 多座宁玛派属寺，这些寺院主要分布在四川省阿坝、甘孜以及青海省玉树等地区。

4、多杰札寺

多杰札寺，位于雅鲁藏布江北岸的一座山崖脚下，在今西藏山南贡嘎县。规模不大，远远望去，寺院与山崖非常协调，极为壮观。该寺最初由一位名叫扎西多杰的后藏没落贵族于 16 世纪末叶创建，据说寺院背面的山崖中曾出现过一个自然形成的、质地为绿松石的金刚杵，因而寺院取名为多杰札寺，"多杰札"是藏语音译，意为"金刚崖"。多杰札寺在 17 世纪得到五世达赖喇嘛的大力扶持，有了长足发展，鼎盛时期住寺僧侣竟达 2000 多人。该寺在"文革"中遭到了破坏，1978 年中共十一届三中全会以后，国家拨专款进行了维修。曾任西藏自治区政协副主席、中国佛教协会副会长的多杰札·江白洛桑活佛健在时常去该寺主持佛事活动，寺庙的管理工作也井井有条。在教法传承上，多杰札寺以宁玛派"伏藏北传"支系的祖寺自居，在整个藏族地区拥有许多属寺，大都在四川藏族地区。多杰札寺与佐钦寺之间保持着密切的关系，因为这两座寺院同属宁玛派"伏藏北传"支系，在教法义理、宗教仪轨等方面相互学习、取长补短。多杰札寺作为西藏自治区最负

---

[35]　王森:《西藏佛教发展史略》,北京:中国社会科学出版社,1997,第 49 页。

盛名的两座宁玛派寺院（另一座为敏珠林寺）之一，不仅在西藏地区的信教群众中有很高的声誉，而且在整个藏族地区也具有一定的影响力。多杰札寺的寺主历来是通过活佛转世的方式继任，其尊号为"仁增钦摩·多杰札"。

5、敏珠林寺

敏珠林寺位于今西藏山南扎囊县札切乡，是藏传佛教宁玛派两大主寺之一，以继承和发扬光大宁玛派"伏藏南传"支系的教法而闻名于整个藏族地区。敏珠林寺是由担任过第五世达赖喇嘛经师的伏藏大师德达林巴于1676年倡导建立的，是一座具有鲜明特色的宁玛派寺院。该寺院除了弘传宁玛派"伏藏南传"支系的教法仪轨之外，主要以研习藏族十明学科而著称于世。十明学科几乎包括了藏族整个传统文化体

❀ 位于山南扎囊县的宁玛派主寺敏珠林寺

系，由修辞学、辞藻学、韵律学、戏剧学、星象学、工艺学、医学、声律学、正理学和佛学 10 个不同的学科组成。敏珠林寺在宁玛派重宗教实践、轻理论学习的宗派氛围中独辟蹊径，不仅重视对佛教理论知识的全面掌握，而且深入系统地学习和研究藏族文化，在整个藏族地区成为一座独一无二的、超越宗教文化范围的全面研习藏族文化的综合性学府。慕名前来求学的藏族僧人络绎不绝，特别是西藏地方政府中的俗官也常到敏珠林寺学习藏族文化知识。所以，敏珠林寺对繁荣和发展藏族文化所作贡献，远远胜于对宁玛派自身的发展所发挥的作用。比如，敏珠林寺在藏文书法上取得的辉煌成绩人人皆知。这一书法派别曾影响了一代又一代藏族书法家，从而极大地推动了藏族书法艺术的进步。在十八、十九世纪出现过许多贯通十明学科并在藏族传统文化上造诣颇深的宁玛派高僧，这与敏珠林寺一贯在藏族地区倡导研习藏族传统文化的良好氛围不无关系。浓厚的文化氛围是敏珠林寺的一大特色。

敏珠林寺于 1995 年设立了文化学院，在藏族传统文化学习方面依然保持着自己的优良传统。

6、桑耶寺

桑耶寺由宁玛派、萨迦派和格鲁派三大宗派主持。在寺内设有宁玛派和萨迦派两家的护佛殿，分别供奉着两派最神圣的护法神，这表明了宁玛派和萨迦派在桑耶寺里不仅拥有教权，而且担负着维护寺院尊严和威信的神圣使命。然而，在宗教仪轨方面则不分主次，无论宁玛派、萨迦派还是格鲁派都是平等的。例如，在桑耶寺内举办宗教活动时，主要根据信教群众（施主）的意愿来选定某派的宗教仪轨。可以说，从寺院自身的角度看，桑耶寺没有鲜明的宗派观念。

❖ 位于山南扎囊县的桑耶寺大殿

❖ 拉萨大昭寺

7、大昭寺

大昭寺是一座在国内外知名度很高的藏传佛教寺院。大昭寺是在松赞干布时期兴建的吐蕃第一批佛殿其中之一，具有悠久的历史，属于宁玛派寺院。大昭寺是全国重点文物保护单位之一，得到国家和地方政府的修缮保护，而且寺内供养着释迦牟尼佛像，它在广大藏族信教群众心目中占有神圣的地位。大昭寺实际上是藏传佛教诸多宗派之上的一座圣殿。1409年，宗喀巴大师在大昭寺内第一次成功地举办声势浩大的传昭大法会，即大祈愿法会，后来格鲁派将举行这一大型法会的传统继承下来，并延续至今。虽然大昭寺是格鲁派管理的一座主要寺院或圣殿，但是就大昭寺本身来说，根本没有宗派之区别和界限。大昭寺里面不仅供奉着各宗派的护法神、主尊佛，而且安置着各宗派众多高僧大德的塑像或壁画，外面四周还建有各个宗派的殿堂，一年四季香火不断。各个宗派在大昭寺内随时可举办带有各自宗派仪式的宗教活动，每年有数以万计的藏族信教群众来此朝拜，同时它也吸引着海内外大批信徒和游客前来参观游览。桑耶寺、大昭寺和昌珠寺，虽然都是融合多种宗派于一身的综合性寺院，但广大宁玛派僧人包括历代高僧大德都认为，这三座寺院始终是宁玛派的祖寺，在宁玛派这一宗派中占有颇为重要的地位。

目前，在整个藏族地区共有753座宁玛派寺院，从分布情况来看：西藏自治区有344座，四川省甘孜及阿坝两地有262座，青海省的藏族地区有135座，甘肃省的藏族地区有8座，云南省迪庆藏族自治州有4座。在西藏自治区和四川藏区，藏传佛教宁玛派寺院比较集中。

宁玛派寺院在广大藏族信教群众中有很大的影响，仅次于格鲁派寺院。

三、噶举派寺院

噶举派作为藏传佛教宗派中支系最多的重要宗派，拥有众多的寺院和僧侣。从时间上看，噶举派寺院的正式建立与宁玛派寺院相比，大约晚300多年。噶举派的寺院是随着该宗派的形成而逐步建立起来的，以藏传佛教后弘期达布拉杰1121年创建冈波寺为开端。随着噶举派的蓬勃发展，其内部分支派别不断产生，噶举派寺院逐渐遍及整个藏族地区。

目前，中国藏族地区共有380座噶举派寺院，数量上排在格鲁派和宁玛派之后，居第三位。从地区的分布情况来看，西藏自治区最多，有231座；其次为青海省，有101座；第三为四川省，有43座；云南省有5座。

西藏自治区噶举派寺院的分布情况是：拉萨23座，林芝20座，山南39座，日喀则29座，阿里14座，那曲28座，昌都78座。噶举派寺院在青海省绝大多数集中在玉树藏族自治州，多达93座。青海省的玉树地区和西藏自治区的昌都是噶举派寺院比较集中的地方。

在噶举派内部的支系派别中，噶玛噶举派遍及绝大多数藏族地区。即使在距离西藏自治区较远的云南藏族地区，5座噶举派寺院中也有3座属于噶玛噶举派。

1、智贡提寺

智贡噶举派在藏族地区有较强的势力。智贡噶举派的创始人仁钦贝大师于1179年在智贡地方建造了智贡提寺，该寺遂成为智贡噶举派的祖寺，以及传承智贡噶举派法脉的中心寺院。仁钦贝大师去世后，智贡提寺住持职位由智贡家族接任并开始世袭，元朝时期曾封该家族为智贡万户长，成为西藏地区新兴的政教合一的地方势力。

❖ 位于四川省阿坝藏族羌族自治州的米拉日巴九层佛殿

智贡提寺位于今西藏自治区墨竹工卡县。值得一提的是，智贡噶举派寺院中还有不少尼僧寺。青海省玉树藏族自治州的 21 座智贡噶举派寺院中就有五六座尼僧寺，有一定数量的尼僧常住，如囊谦县的塔玛寺、麦庆寺、盖玛寺等。

2、达隆寺

达隆噶举派在藏族地区的地位及影响力基本接近于智贡噶举派。达隆噶举派创始人达隆塘巴·札西贝大师于 1180 年创建达隆寺。作为达隆噶举派的祖寺，达隆寺在藏传佛教界享有盛名。它坐落在西藏林周县。历史上，随着达隆噶举派的不断发展，其宗派势力曾远至甘肃省的部分藏族地区。如位于今甘肃省天祝县城东北的达隆寺，其建寺者是西藏噶举派达隆系僧人，故称为达隆寺，但后来改宗格鲁派。

3、热隆寺

周巴噶举派在中国藏族地区拥有不少寺院，在青海省玉树藏族自治州有 10 座周巴噶举派寺院，其中尚有几座规模较大的寺院，如囊谦县的桑买寺、采久寺。玉树州还有几座规模不小的周巴噶举派尼僧寺。周巴噶举派的祖寺是热隆寺（建于 1180 年），坐落在今西藏日喀则江孜县热隆乡的一个夏季牧场上，海拔 4000 米以上。由于气候的原因，与其他寺院相比较，到热隆寺朝拜的香客较少，热隆寺平常将各个殿堂上锁，常年养有几条大型藏獒守护寺院。周巴噶举派在不丹等国具有一定的影响力。

4、楚布寺

楚布寺位于今拉萨市堆龙德庆县，虽然住寺僧人不算多，其建筑规模也谈不上宏伟壮观，但是它有着悠久的历史，还是噶玛噶举派的

❀　位于昌都的类乌齐寺

祖寺，又是历代噶玛噶举派黑帽系活佛的驻锡地，享有很高的知名度。

5、类乌齐寺

　　类乌齐寺位于今西藏昌都类乌齐县，创建于 1276 年。该寺在历史上以规模宏大著称，常住僧侣曾多达 4000 人。这一僧侣数目在藏区只有哲蚌寺、色拉寺等极少数格鲁派的大型寺院可以与之相比。有的学者曾认为该寺是噶玛噶举派寺院。实际上，类乌齐寺一直是达隆噶举派的一座寺院。目前，类乌齐寺依然是藏族地区的大型寺院。

6、八蚌寺

　　八蚌寺位于四川省甘孜藏族自治州德格县，是一座著名的噶玛噶举派寺院，建于 1727 年。该寺曾得到德格土司的扶持，发展迅速，在

❖ 位于四川省甘孜藏族自治州德格县的噶玛噶举派寺院八蚌寺

邻近地区拥有约 80 座属寺，甚至云南省丽江地区、青海省玉树地区也有不少附属寺院。

四、萨迦派寺院

据统计，目前在中国藏族地区共有 141 座萨迦派寺院，其中西藏自治区有 94 座，约占三分之二，以萨迦寺为代表。

1、萨迦寺

萨迦寺是萨迦派的祖寺和中心寺院，在萨迦派发展史上具有崇高的地位，是一座具有浓郁宗教文化氛围的藏传佛教寺院，在国内外享有盛名。它位于日喀则市萨迦县城，历史上又分南寺和北寺。南寺晚于北寺，由本钦释迦桑布于 1288 年建造，主殿外围筑有高大的围墙，厚2米多，高5米左右，围墙四隅有角楼。全寺总面积达14700平方米，寺内藏有丰富的宗教文物和古籍，因而有"第二敦煌"之称。萨迦寺的组织机构是由7人组成的管理委员会，其中有一位名誉主任，三位副主任，三位委员；管委会内部又分教务组、文物组、财务组、维修组、卫生组、接待组6个部门。

在研习教法仪轨方面，萨迦寺以显密二宗为主。主要学习显宗理论，寺院设立初级班和高级班。初级班学制6年，学员主要从学习藏文文法、诗歌学、修辞学、天文历算学、正字法、入菩萨行论等开始，最后进入全面学习佛教理论知识的阶段，期间每位学员要背诵六大佛经。高级班学制6年，学员主要研习萨迦派的十八部经典，其中除了萨迦班智达·贡噶坚赞的《量理宝藏论》之外，其余均为出自印度高僧之手的经论，萨迦派学者常以此为荣，认为他们的教法是正宗的佛教经论。学员完成十八部经典研习之后，就要参加"然绛巴"学衔的答辩考试。

❀ 萨迦寺南寺的大经堂

　　显宗理论的学习阶段结束后，便升入修习密宗阶段。在修习密宗期间，学员先要研习和掌握密宗理论，即四大密宗经论《续部总论》《续部修证宝树》《喜金刚续诠释》《道果经》。之后，才有资格正式进入密宗修习过程，如接受密法灌顶、修学密法仪轨等，逐步迈入宗教实践领域。这时学员修炼以喜金刚的生起次第和圆满次第为主的高深密法。

　　萨迦寺法会活动主要有喜金刚法会、供养法会、金刚橛法会等。其中喜金刚法会在每年藏历九月八日至九月十四日举办，法会期间众僧主要以举行诵经、供养等仪式修习喜金刚密法之仪轨；供养法会在每年藏历十一月二十三日至十二月一日举办，其间，用彩线、糌粑等做成的供品供奉神灵、布施鬼怪，同时僧侣既诵经又跳法舞；金刚橛法会在每年藏历七月八日至十八日举办，法会期间主要以跳法舞的形式来修供本尊金刚橛。

❖ 位于四川省甘孜藏族自治州的萨迦派寺院宗萨寺

2、贡嘎曲堆寺

位于西藏山南贡嘎县的贡嘎曲堆寺，也是一座知名度较高的萨迦派寺院，由图敦·贡嘎南杰于 1464 年创建，最初是前藏地区传播萨迦派密法的重要道场，以传授贡嘎支系密法闻名。该寺"文革"期间遭到破坏，1985 年国家拨款维修。贡嘎曲堆寺除了全寺僧人每天早晚集中在大经堂诵经之外，藏历一月九日至十九日举行喜金刚法会，藏历四月十四日举行纪念萨迦班智达圆寂法会，等等。

除了西藏自治区外，四川甘孜藏族自治州和青海省玉树藏族自治州也有不少萨迦派寺院。根据历史文献，康区萨迦派寺院大都是在清代建成发展起来的，如贡钦寺、宗萨寺等。由于历代德格土司（sde dge rgyal po）提倡各宗派共同发展繁荣的理念，平等扶持各宗派寺院建设，使这一地区的宗教不分派系，均得到良好的发展空间。德格土司家族有一传统家规，即家中如有两兄弟，其一世袭土司职位并兼任法王；其一出家为僧，接任贡钦寺（家庙）住持。

五、觉囊派寺院

觉囊派寺院主要分布在四川省阿坝藏族羌族自治州和青海省果洛藏族自治州两个地区，共有 37 座寺院。

1、阿坝地区寺院

觉囊派寺院集中在四川省阿坝藏族羌族自治州壤塘县，主要有夏炎寺、红土寺、日梭寺、尕牙塘寺、屈塘寺、中壤塘寺（藏哇寺、却杰寺、策居寺）和贡布拉岗等 7 座寺院，马尔康县主要有黑尔木亚寺、干木鸟寺、巴朗寺、康山寺、颜木底寺、扎西日岗寺和让古寺等，阿坝县主要有色须贡巴寺、孜朗寺、塔尔么寺、雅贡寺和阿华寺等。

2、果洛地区寺院

青海省果洛藏族自治州的觉囊派寺院主要有甘德县的扎西曲朗寺、隆什加寺、恰依龙寺，班玛县主要有阿什姜贾贡寺、浪本寺，久治县主要有尖姆寺、宁支寺。其中，宁支寺很有特色，是一座融格鲁派和觉囊派为一体的寺院，时常由两派僧人共同举行佛事活动。

目前，壤塘县的壤塘寺是觉囊派的代表性寺院，成为以上两大地区觉囊派寺院的母寺，在觉囊派中享有崇高地位。

第三章

基督教

天主教初传西藏的历史

藏族地区并非藏传佛教一统天下，也有基督教和伊斯兰教。相对而言，基督教和伊斯兰教在藏族地区影响较小。多数藏族地区宗教依然以藏传佛教为主，但在部分藏族地区或在较偏僻的村落里却呈现多元宗教共存的文化风貌。

根据有关史料，天主教最初是经过印度传入西藏阿里地区。阿里位于西藏的西部，北接新疆，西与克什米尔接壤，西南又与尼泊尔毗邻，历来是多元文化交汇的中心地带。1624年，传教士安夺德（Andrade）和马柯斯（Maques）经过千辛万苦抵达阿里象泉河谷的泽布隆地区。由于这里是阿里地区气候宜人、水土肥美的一块宝地，两人便在此地居留下来，并开展传教活动。他俩首先向当时的古格王送重礼，建立友好关系，最后得到古格王的允许和支持，于1626年在阿里泽布隆地区创建了西藏第一座天主教教堂。但是好景不长，约在1630年左右，教堂被藏传佛教信徒摧毁，天主教在阿里地区的传教活动也完全中止。

1628年，卡西拉（Cacella）、卡布拉尔（Cabral）等传教士从不丹进入西藏日喀则，在当地首领藏巴汗的允许下开展传教活动，计划建立天主教教堂。1631年，由于受到藏传佛教僧人和信徒的反对和排斥，传教活动宣告失败，日喀则的教会组织只好撤退。

据有关史料记载，1661年，天主教传教士第一次到达拉萨城，在拉萨停留了两个月；之后，不同组织的天主教传教士相继于1709年、1714年、1716年、1718年、1720年、1727年、1741年多次抵达拉萨从事传教活动。1721年，他们终于在拉萨建造了一座小教堂。教堂虽

位于昌都芒康县上盐井村
的天主教教堂钟楼

　　然建立了，但是至 1741 年还没有一名藏族人真正入教，只有少数尼泊尔、克什米尔和汉族人入教，随后传教士说服自己的佣人和一些未成年人共 26 位藏族人受洗入了天主教。由于认为天主教的一些言行同藏传佛教格格不入，1745 年西藏地方政府将天主教传教士从拉萨驱逐出去，同时天主教教堂也被推倒。西方天主教传教士在西藏活动了一个世纪，一直没有站稳脚跟，以失败告终。

　　19 世纪以后，西方天主教不再涉足西藏中心地区，其传教目的地转入四川省、青海省、云南省等藏族地区，但是同样遭到当地藏传佛教信徒的极力排斥，难以找到落脚之地。当时天主教传教士曾将传教重点放在四川省的理塘、巴塘和打箭炉等藏族地区。这些地区发生了许多天主教与藏传佛教之间的冲突事件，最后天主教传教士的计划或梦想一一落空。然而，在靠近四川省巴塘和云南省德钦且地处偏僻的西藏昌都芒康县盐井纳西族乡，却奇迹般地留下了一座天主教教堂。

巴塘基督教的兴衰历史

巴塘县是四川省甘孜藏族自治州直辖县之一，位于该州西南部，面积 8186 平方千米，人口约 45000 人，县人民政府治所位于夏邛镇，海拔 2500 米左右，以农业为主。巴塘一带被称为"高原江南"，属于河谷地区，极适宜农作物生长，主要出产青稞、玉米、小麦、豆类，盛产苹果、梨、桃等。支柱产业上，该县以前靠伐木创收，被称为"木头经济"，现在当地农牧民又靠挖采草药创收，被称为"药材经济"。

巴塘基督教的兴起及衰落，体现了不同文化间相互冲突和接纳的过程，其中既有客观机遇又有主观因素。

一、天主教的产生及衰落

根据记载："同治二年（1863 年）十月，东路法国罗勒拏、萧洁日等于今春派无赖刘姓由炉城运来茶包，在巴（塘）、里（塘）一带散给汉兵，要结人心。"[36] 这是法国传教势力初次进入巴塘县的案例。当时清朝中央与地方政府均对外国传教士的活动深感忧虑，但法国传教士

---

[36] 《西藏研究》编辑部编《清实录藏族史料》（九），拉萨：西藏人民出版社，1982，第 4321 页。

力图打通康藏之路，遂派神父吴依容驻足康定（打箭炉），神父巴布埃进而到巴塘置买土地，建造了三座房屋及教堂。实际上，早在咸丰十年（1860），法国天主教士已依据条约，持中国官方证照在康定传教，并延伸至巴塘地区。

法国传教士在巴塘县城经 10 年惨淡经营之后，因与当地藏族居民的宗教信仰及文化习俗不相融而发生冲突，最后遭受灭顶之灾。同治十二年（1873）8 月，藏族民众不仅将巴塘县的传教士驱逐四散，而且将教堂及其他辅助建筑全部拆毁，甚至盐井和莽里的两座教堂也被焚毁，并趁机抢劫其财产物资。巴塘、盐井和莽里三地的司铎、教士均逃至打箭炉（康定）。

清朝光绪六年（1880），奥斯马加伯爵摄政义等人欲由四川省经巴塘进入藏区，[37] 因被藏族民众持械阻拦被迫改道入滇（云南）；[38] 光绪七年（1881），巴塘法国天主教堂司铎梅玉林押运西方货物十三驮前往盐井，在核桃园搭帐篷住宿时被三岩藏民劫杀；[39] 光绪三十一年（1905），巴塘藏族民众又焚烧法国天主教堂，并将牧守仁和苏烈二位神父枪杀于巴曲河畔。据史料档案记载，从同治十二年（1873）至光绪三十一年（1905）的 32 年间，巴塘地区共发生 5 起大教案。[40]

以上频频发生的教案，是巴塘藏族民众以藏传佛教信仰者的立场或情绪坚决抵抗西方基督教的结果，遏制了法国天主教在巴塘一带的传播和发展。民国后期，在巴塘的法籍司铎、神父纷纷取道云南省回国，将天主教堂及其财产暂交当地教友看管。1949 年 12 月，巴塘和平解放，

---

[37]　"奥斯马加"是指奥斯马加帝国，即奥匈帝国，成立于 1867 年。

[38]　《西藏研究》编辑部编《清实录藏族史料》（九），第 4434-4435 页。

[39]　同上书，第 4448 页。

[40]　参见《巴塘县宗教志》。

天主教堂及其财产转由仰恩吉村管理。

二、基督教的产生及衰落

当法国天主教在巴塘地区受挫趋于萎缩或衰退之时，美国基督教却开始传入巴塘。根据史料记载："光绪三十四年（1908），美国医生史德文来巴塘以行医为入世之谋，渐得巴塘信仰。商得川边边务大臣之许可，在城内租佃贵族协傲家房屋，设立基督教堂，附设医药部、康化学校，深入民间，通晓边情，业务日兴。"[41]

宣统二年（1910），美国史德文医生、浩格登牧师与巴塘粮台王会同租得巴塘县南门外架炮顶野坝 30 亩地，修建了一座教堂、一所半西式医院（后称华西医院）、一所学校（后称华西学校）、一所孤儿院和牧师住宅等,并大面积栽植从美国引进的苹果树。美国基督教以开办医院、学校及孤儿院等社会公益福利作掩护和支撑点，在巴塘顺利立足并有了短暂的发展。1924—1925 年一年内，在巴塘基督教堂受洗礼的藏族教友达 40 余人，孤儿院内的 60 多男女也受洗入教；1928—1929 年间，在仅有 300 余户的巴塘城镇居民中竟有美籍男女 34 人之多。[42] 这说明了基督教在巴塘的"兴隆"。

1932 年，当地政局动荡，洋人离开巴塘，基督教会由华人牧师李国光主持，其后教会派裴以德协助，直至巴塘和平解放。1925 年，由美国基督教总会派来的牧师马德勒曾主持修建了巴安基督教礼拜堂，位于巴塘城内，建筑面积 217 平方米。1950 年，美国人出境，教会由李国光等人主持，教务开始衰萎，信徒减少。1958 年伊始，巴塘基督教会停止了一切教务或宗教活动，其礼拜堂也无人管理，后因年久失

---

[41]　参见《巴塘县宗教志》。

[42]　同上。

修变成危房，于 1985 年拆除。至此，美国在巴塘的基督教传教史终结。

法国天主教与美国基督教会在巴塘地区的传播历史表明，虽然两者在传教过程中采取了各自不同的方法途径，但是最终都没有真正融入藏族百姓的日常生活或文化习俗之中，更无法同藏族百姓的正统宗教信仰和谐相处。因此，西方基督教在巴塘历史上只是昙花一现。

盐井天主教的历史与现状

盐井纳西民族乡是西藏昌都芒康县直辖乡镇之一，位于芒康县南端，距离县城 120 公里，与云南省德钦县接壤，是西藏东南大门、商业重镇和货物集散地，下辖 4 个行政村。

盐井天主教的最终命运与巴塘天主教截然相反。盐井天主教在其历史上曾获得一段较安定的生存发展时期，成功地培育了信仰天主教的本土藏族群体，故有其今日的天主教传承。

一、盐井天主教的风雨历史

据考证，天主教是在 1865 年开始传入盐井地区的。[43] 最初，被逐传教士从察瓦博木噶（今西藏察隅县）逃到盐井地区，借宿当地，从事社会慈善事业救济家庭贫寒者，并向附近的藏传佛教刚达寺大量布施，赢得僧俗群众的赞许和认可，从而得以在上盐井村立足并开展传教活动。传教士首先从刚达寺购买土地，修建教堂，进而在村民中传教并吸纳当地教徒；紧接着建立卫生所和学校，村民可以免费看病治疗，

---

[43]　保罗、泽勇：《盐井天主教史略》，《西藏研究》2000 年第 3 期。

❖ 盐井天主教堂

❖ 盐井天主教堂内部

在学校设立几个不同班级，由传教士或信徒担任教师，讲授藏文、汉文、英语、算术和音乐等课程。

"首次来盐井的传教士是 Biet Felix，此人取汉族名字为毕天祥。自1865年天主教首次传入盐井至1950年盐井解放为止，先后有毕天祥、丁成莫、吕伯恩、彭茂美、蒲德元、穆宗文、叶葱郁、杜仲贤等17人任盐井天主教教堂的神父或传教士。其中大部分来自法国、德国、瑞士，也有来自四川康定、巴塘、云南维西、德钦等。"[44] 盐井天主教自1865年至1950年传播80多年。1951年，经昌都人民解放委员会主任邦达多吉等调解，教堂再次成为天主教教民进行宗教活动的场所，从此盐井天主教与藏传佛教开始走向和谐共处的新时代。

二、天主教堂及其藏族信徒

盐井天主教堂创建于清同治四年（1865），由法国巴黎外坊传教会修建，前后共有17位外国传教士或神父主持。1979年，主建筑拆毁。1982年，盐井天主教重新恢复。2002年开始修建新教堂，共投入450万元，于2004年12月25日举行了新教堂竣工落成典礼。

教堂和钟楼外观带有浓厚的藏式建筑风格，其内部则是天主教教堂风格，在教堂天花板和墙壁上绘制了《旧约》和《新约》中的人物。

上盐井村有120多户人家，800多村民，其中68%的村民信仰天主教，大约540多人。下盐井村信徒较少。

盐井天主教堂的主要收入则依靠酿造葡萄酒，每年净收入达2万多元。每年八九月份是酿酒的繁忙季节，主要雇佣当地百姓来做，采用法国酿造技术。

天主教堂从事各种慈善活动，为改善或绿化周边环境投入了不少资金。

在供奉习俗方面，盐井天主教信徒在家中供奉圣父、圣母以及圣水、圣香等。这里的天主教信徒称教堂里的圣水为"额曲"（sngags chu）或"曲丹巴"（chu dam pa），这一称呼完全同藏传佛教的宗教术

---

[44]　保罗、泽勇：《盐井天主教史略》，《西藏研究》2000年第3期。

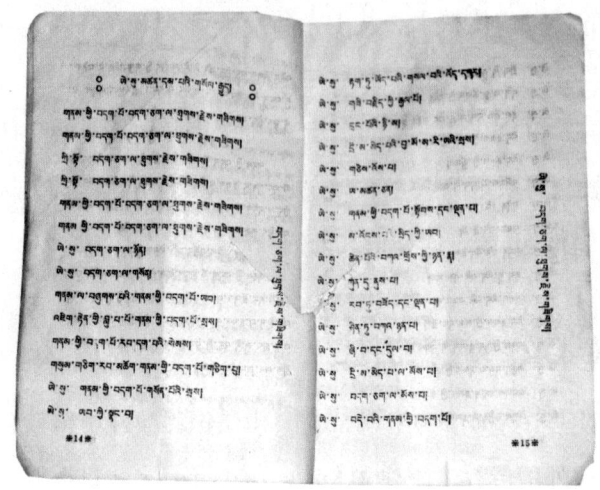

盐井天主教堂
的藏文《圣经》

语相一致；此外，村民家中设立的天主教"圣龛"为"曲康"（mchod khang），又与藏传佛教的"佛龛"称谓毫无差异，借用了相同的名词。另外，天主教信徒无论唱圣歌还是做弥撒都用藏语，因为信徒大多不懂汉文，且识字者亦甚少。

在丧葬方面天主教信徒按照天主教的仪式举行。上盐井村有一处天主教公墓，信徒去世后都实行土葬，立碑刻写亡灵姓名。

上盐井村有一家人信仰不同宗教的，如父亲信仰天主教，母亲信仰藏传佛教格鲁派，孩子们或跟父亲到教堂礼拜或跟母亲去寺院朝佛。然而，一家人虽信仰不同宗教，但家庭成员之间和睦相处。

总之，盐井天主教无论在内容上还是形式上处处体现着多元文化的融合。

第四章

伊斯兰教

拉萨清真寺及穆斯林居民

西藏自治区是一个几乎全民信仰藏传佛教的地区。然而，在这片藏传佛教的热土上，也可以找到伊斯兰教清真寺。西藏自治区有4座大小不等的清真寺：拉萨市有两座清真寺，日喀则市和昌都市各有一座清真寺。

西藏地区早在吐蕃时期即8世纪就同阿拉伯的穆斯林商人有商业往来。11世纪，伊斯兰教在西藏西部的克什米尔地区兴盛，从而为更多穆斯林商人到拉萨来经商创造了便利条件。至14世纪，在拉萨城内做生意的克什米尔穆斯林商人开始定居落户，并逐步与藏族通婚，

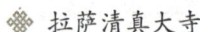 拉萨清真大寺

形成一群新兴的民族群体，同时也有了自己的族名，即"卡切"（Kha che），这是藏族人对他们的称呼，意为穆斯林。

由于西藏地区一直盛行藏传佛教，尤其拉萨城是藏传佛教的圣地，伊斯兰教在拉萨始终没能发展起来，特别是五世达赖喇嘛（1617—1682）执政时期，藏传佛教格鲁派在西藏蓬勃发展，压制了来自克什米尔的伊斯兰教扩张势力，使得西藏的伊斯兰教信仰影响范围十分狭小。

一、拉萨清真大寺的沧桑历史

据有关史籍记载，在拉萨城出现的第一座清真寺始建于清康熙五十五年（1716），位于拉萨市城关区河坝林（八廓街以东 300 米入口处），现称拉萨清真大寺。最初该清真寺规模较小，占地仅 200 平方米；乾隆三十一年（1766），拉萨清真大寺获清朝政府赠送的题写"咸尊正教"的匾额；乾隆五十八年（1793），清朝政府派兵平定廓尔喀人入侵后藏，该事件后，拉萨清真大寺得到清军中穆斯林军人资助，进行维修和扩建；1959 年，拉萨清真大寺在叛乱战火中被烧毁，1960 年又得以重建；在"文革"期间，拉萨清真大寺只受到轻微破坏，1978 年再次得到修缮，1979 年重新开放。1985 年庆祝西藏自治区成立 20 周年，中央代表团向拉萨清真大寺赠送了题写"清真古寺"的匾额，现悬挂在其大门上。2002 年，政府大规模修缮清真寺，于 2003 年竣工；后又投资建设清真寺庭院，于 2004 年完成。由此可见，拉萨清真大寺不仅有着源远流长的沧桑历史，而且得到历代中央和地方政府的关怀，因而有较好的文化传承和发展空间。

目前，拉萨清真大寺占地面积达 2600 平方米，建筑面积 1300 平方米，整个院落东西长，南北短，形成平面布局不规则的格局，建筑结构由大门、前院、宿舍、宣礼塔、礼拜堂、浴室等组成。其中大门朝北，庄严肃穆；宣礼塔是一座高 13 米的四层六角塔，为石木结构，十分精巧；礼拜堂是主体建筑，矗立在高出地面一米左右的平台上，坐西朝东，内有 13 根柱子，整个建筑占地面积达 285 平方米，堂内铺有大型地毯，西壁挂麦加天房挂毯，北侧设有阿訇讲经的台座，呈现洁净清雅之氛围。可以说，拉萨清真大寺为所有定居在拉萨市内的伊斯兰教信仰者提供了自由而宽松的宗教活动场所。

拉萨市内还有一座清真寺，即拉萨小清真寺，位于今拉萨市城关区河坝林，即八廓街东南 200 米处，建于 20 世纪 20 年代。据史料记载，这座清真寺是为外地穆斯林做礼拜而专门建造的，当时主要有来自克什米尔、尼泊尔的穆斯林商人在这座清真寺里做礼拜。清真寺的建筑规模很小，礼拜堂面积只有 130 平方米，但是其结构形式别具一格，是一座典型的藏式建筑物。

拉萨古城除了清真大寺和小清真寺之外，还有两处按照穆斯林习俗建立的墓地，即拉萨市北郊的夺底山沟墓地和拉萨市西郊的吉采鲁丁墓地。

二、今日拉萨穆斯林居民的生活

据有关文献史料，1903 年，在拉萨城内约有 200 多名从克什米尔和中国西部来的穆斯林，他们主要从事经商活动，当时在拉萨不仅有清真寺，而且还有一个由来自中国西部的穆斯林开办的清真饭庄；1936 年，仅从克什米尔来的穆斯林就达 300 人，他们大都身穿藏装，但男人缠头或妇女戴盖头；在饮食方面，也喜欢吃干肉和糌粑，喝奶茶或酥油茶。可以说，拉萨穆斯林身上具有浓厚的藏文化风格，不仅他们的生活习俗十分接近拉萨藏族居民，而且他们在日常生活中主要用藏语来交际。如今居住在拉萨市内的穆斯林约占西藏自治区穆斯林总数的三分之二，长期同藏族一起居住在拉萨市内的穆斯林，除了禁忌猪肉、很少喝酒、妇女戴盖头外，在着装、语言、生活习俗等方面，都同拉萨藏族居民没有太显著的差异。

拉萨清真大寺及其穆斯林族群的生活体现了多元民族文化的相互融合。

昌都清真寺的历史与文化

昌都位于西藏自治区东部，地处三江流域的横断山脉。东与四川省德格、白玉、石渠和巴塘四县隔江相望，东南与云南省德钦县接壤，西南与林芝毗连，西北与那曲相连，北面与青海省的玉树州交界。总面积 11 万平方公里，占西藏自治区总面积的 8.9%，其地势西北部高东南部低，最高海拔达 6956 米，最低海拔约 3100 米，平均海拔在 3500 米以上。

一、昌都清真寺的历史沿革及文化背景

昌都回族穆斯林大都来自陕西省。清康熙四十一年（1702），在昌都市中心修建了一幢土木结构的汉宫式礼拜堂，初称"陕西回馆"，以社会文化活动中心的形式存在。后来回族穆斯林与藏族居民通婚，不仅其人口进一步增长，而且逐步适应藏族人的文化风俗习惯，并得到当地藏族僧俗民众的认同。清康熙五十八年（1719），昌都正式创建了第一座清真寺。以前的"陕西回馆"遂改名为"陕西会馆"，演变为陕西籍汉回两族聚会联谊的"会馆"。从此，清真寺成为昌都回族穆斯林

做礼拜的唯一正规场所。对昌都回族穆斯林来说，清真寺不只是宗教活动场所，而且也是社会文化活动中心。不幸的是，该寺毁于"文革"时期。直至党的十一届三中全会之后落实民族宗教政策，才得以在1990年归还原清真寺部分土地；1991年又得到政府资助和个人募捐，于是修复清真寺殿堂，全面恢复了正常的宗教活动。

昌都清真寺及其穆斯林信徒，也同中国绝大多数穆斯林一样，属于伊斯兰教逊尼派，奉行大伊玛目哈乃斐学派。由于他们长期生活在藏区并同藏族百姓同甘共苦、和谐相处，昌都清真寺及其穆斯林文化不免受到藏族文化的影响，具有了浓厚的地方特色。

昌都回族人不仅操汉语，而且也能使用当地藏语，其汉语充满陕西韵味。穆斯林大都有三种名字：经名、汉名和藏名。经名是阿訇取的，汉名是父辈取的，藏名是藏民依各人的德行取的。

由于来昌都的回族先民绝大多数是单身汉，他们同当地的藏族妇女通婚。尽管这些妇女改信了伊斯兰教，可她们却把藏族的血统和生活习惯一起融入了昌都穆斯林的生活。

过去回族住房外形大多是藏汉结合的式样，里面的格局及装饰都和古老的汉族式样一样。现如今都变成了一幢幢漂亮的藏式楼房，连内部的装饰基本上也是藏式风格。

藏族的生活习惯同样也受到了穆斯林生活习惯的影响。每当藏历新年或办喜事，藏族人家都油炸回式果点等待客，很受欢迎。当地的官员、活佛、大喇嘛和一般藏民都喜欢食用阿訇手切的牛肉，名为"净洁肉"。

回藏民族在过去的历史岁月中双向影响、相互融合，成为今日昌都清真寺及其回族穆斯林群体继往开来、建设美好家园的社会文化资源。

二、今日昌都清真寺与穆斯林居民家庭

昌都清真寺建筑外观融合阿拉伯、藏、汉三种文化风格，不仅具有浓厚的多元文化特色，而且体现了多元文化和谐共存的理念。一般清真寺中男女分开做礼拜，如拉萨清真大寺里女性在二层、男性在一层做礼拜；而在昌都清真寺里男前女后一起做礼拜。

昌都市回族家庭中有信仰两种宗教的现象，既信仰伊斯兰教又信奉藏传佛教。一般而言，男子大都信仰伊斯兰教，女子均倾向于信奉藏传佛教（藏语称"dgon pavi chos"，即寺院宗教），而家庭中的年轻人两种宗教活动都参加，如伊斯兰教在一年中举行三种宗教节日，即开斋节、古尔邦节（宰牲节）和圣纪节，年轻人都会参与；另外，在寺院举行大型法会时，年轻人也会参加。

昌都回族家庭多民族、多元宗教融合的特色也反映到饮食上，如一家人到外面饭馆用餐，会有两种不同口味，即清真的和非清真的。

昌都清真寺与强巴林寺、穆斯林家庭与当地藏族家庭之间，已形成一种互助互信的融洽关系。双方不仅在宗教信仰上相互尊重、互不干涉、自由选择、和睦共荣，而且在日常生活上相互学习、取长补短、共同进步。在历史上，强巴林寺与清真寺有相互拜年的习俗，如今依然保持着这种优良传统。